REGLA DE SAN BENITO

BENITO DE NURSIA

ÍNDICE

Prologo	1
1. LAS CLASES DE MONJES	5
2. COMO DEBE SER EL ABAD	7
3. CONVOCACIÓN DE LOS HERMANOS A CONSEJO	11
4. LOS INSTRUMENTOS DE LAS BUENAS OBRAS	13
5. LA OBEDIENCIA	15
6. EL SILENCIO	17
7. LA HUMILDAD	19
8. LOS OFICIOS DIVINOS POR LA NOCHE	23
9. CUANTOS SALMOS SE HAN DE DECIR EN LAS HORAS NOCTURNAS	24
10. COMO SE HA DE CELEBRAR EN VERANO LA ALABANZA NOCTURNA	26
11. COMO HAN DE CELEBRARSE LAS VIGILIAS DE LOS DOMINGOS	27
12. COMO SE HA DE CELEBRAR EL OFICIO DE LAUDES	29
13. COMO HAN DE CELEBRARSE LOS LAUDES EN LOS DÍAS ORDINARIOS	30
14. COMO HAN DE CELEBRARSE LAS VIGILIAS EN LAS FIESTAS DE LOS SANTOS	32
15. EN QUÉ TIEMPOS SE DIRÁ ALLELUIA	33
16. COMO SE HAN DE CELEBRAR LOS OFICIOS DIVINOS DURANTE EL DÍA	34
17. CUÁNTOS SALMOS SE HAN DE CANTAR EN ESAS MISMAS HORAS	35
18. EN QUÉ ORDEN SE HAN DE DECIR LOS SALMOS	37
19. EL MODO DE SALMODIAR	39
20. LA REVERENCIA EN LA ORACIÓN	40
21. LOS DECANOS DEL MONASTERIO	41

22. COMO HAN DE DORMIR LOS MONJES	42
23. LA EXCOMUNIÓN POR LAS FALTAS	43
24. CUAL DEBE SER EL ALCANCE DE LA EXCOMUNIÓN	44
25. LAS FALTAS MÁS GRAVES	45
26. LOS QUE SE JUNTAN SIN PERMISO CON LOS EXCOMULGADOS	46
27. CON QUÉ SOLICITUD DEBE EL ABAD CUIDAR DE LOS EXCOMULGADOS	47
28. DE LOS QUE MUCHAS VECES CORREGIDOS NO SE ENMIENDAN	49
29. SI LOS MONJES QUE SE VAN DEL MONASTERIO DEBEN SER RECIBIDOS DE NUEVO	50
30. COMO HAN DE SER CORREGIDOS LOS NIÑOS EN SU MENOR EDAD	51
31. COMO DEBE SER EL MAYORDOMO DEL MONASTERIO	52
32. LAS HERRAMIENTAS Y OBJETOS DEL MONASTERIO	54
33. SI LOS MONJES DEBEN TENER ALGO PROPIO	55
34. SI TODOS DEBEN RECIBIR IGUALMENTE LO NECESARIO	56
35. LOS SEMANEROS DE COCINA	57
36. LOS HERMANOS ENFERMOS	59
37. LOS ANCIANOS Y LOS NIÑOS	61
38. EL LECTOR DE LA SEMANA	62
39. LA MEDIDA DE LA COMIDA	64
40. LA MEDIDA DE LA BEBIDA	66
41. A QUÉ HORAS SE DEBE COMER	68
42. QUE NADIE HABLE DESPUÉS DE COMPLETAS	69
43. LOS QUE LLEGAN TARDE A LA OBRA DE DIOS O A LA MESA	71
44. COMO HAN DE SATISFACER LOS EXCOMULGADOS	73
45. LOS QUE SE EQUIVOCAN EN EL ORATORIO	74
46. LOS QUE FALTAN EN CUALESQUIERA OTRAS COSAS	75

47. EL ANUNCIO DE LA HORA DE LA OBRA DE DIOS	76
48. EL TRABAJO MANUAL DE CADA DÍA	77
49. LA OBSERVANCIA DE LA CUARESMA	80
50. LOS HERMANOS QUE TRABAJAN LEJOS DEL ORATORIO O ESTÁN DE VIAJE	82
51. LOS HERMANOS QUE NO VIAJAN MUY LEJOS	83
52. EL ORATORIO DEL MONASTERIO	84
53. LA RECEPCIÓN DE LOS HUÉSPEDES	85
54. SI EL MONJE DEBE RECIBIR CARTAS U OTRAS COSAS	87
55. EL VESTIDO Y CALZADO DE LOS MONJES	88
56. LA MESA DEL ABAD	90
57. LOS ARTESANOS DEL MONASTERIO	91
58. EL MODO DE RECIBIR A LOS HERMANOS	92
59. LOS HIJOS DE NOBLES O DE POBRES QUE SON OFRECIDOS	95
60. LOS SACERDOTES QUE QUIEREN VIVIR EN EL MONASTERIO	97
61. COMO HAN DE SER RECIBIDOS LOS MONJES PEREGRINOS	99
62. LOS SACERDOTES DEL MONASTERIO	101
63. EL ORDEN DE LA COMUNIDAD	103
64. LA ORDENACIÓN DEL ABAD	105
65. EL PRIOR DEL MONASTERIO	107
66. LOS PORTEROS DEL MONASTERIO	109
67. LOS HERMANOS QUE SALEN DE VIAJE	111
68. SI A UN HERMANO LE MANDAN COSAS IMPOSIBLES	112
69. QUE NADIE SE ATREVA A DEFENDER A OTRO EN EL MONASTERIO	113
70. QUE NADIE SE ATREVA A GOLPEAR A OTRO ARBITRARIAMENTE	114
71. QUE SE OBEDEZCAN UNOS A OTROS	115
72. EL BUEN CELO QUE HAN DE TENER LOS MONJES	116
73. EN ESTA REGLA NO ESTÁ CONTENIDA TODA LA PRÁCTICA DE LA JUSTICIA	117

PROLOGO

Escucha hijo los preceptos del maestro y aplica el oído de tu corazón: recibe con gusto y ejecuta con eficacia los avisos de un piadoso padre; para que vuelvas por las penalidades de la obediencia a aquel de quien te habías apartado por la desidia de tu desobediencia. A ti, pues, se dirige ahora mi exhortación, cualquiera que seas, que despojándote de tu propia voluntad, tomas las brillantes y muy fuertes armas de la obediencia para militar bajo las banderas de Cristo, verdadero Rey y Señor.

El primer aviso que te doy es, que le pidas con oración muy fervorosa y continuada, que perfecciones cualquiera obra buena que emprendas, para que pues se ha dignado contarnos ya en el número de sus hijos, no tenga motivo jamás de contristarse por nuestra mala conducta; porque de tal modo le hemos de obedecer y hacer en todo tiempo un uso tan fiel de sus dones, que no solo no tenga lugar como padre airado de desheredarnos alguna vez como a hijos ingratos, sino que tampoco le tenga como Señor terrible, irritado por nuestros excesos de condenarnos a penas eternas, como a siervos perversos que no quisieron seguirle a la gloria.

Levantémonos, en fin pues nos despiertan las voces de la Escritura, que dice: "Ya ha llegado la hora de salir de nuestro sueño". Y abriendo los ojos a la divina luz, escuchemos con pavor las palabras que el celestial oráculo hace resonar todos los días a nuestros oídos diciendo: Si oyereis hoy su voz, no endurezcáis vuestros corazones. Y otra vez: El que tiene oídos, oiga lo que el Espíritu Santo dice a los fieles. ¿Y qué dice? Venid hijos, escuchadme; os enseñaré a temer a Dios: corred mientras os dura la luz de la vida, antes que con la muerte os anochezca.

Y en otro lugar, buscando su obrero fiel en medio de su pueblo, a quien dirige estas palabras, dice también. ¿Quien es el hombre que desea la vida, y disfrutar días felices? Y si oyendo tú su voz, respondieres: Yo, repite diciéndote: Si quieres lograr perpetua y verdadera vida, no se abra tu boca para hablar mal, y no pronuncien tus labios dolo alguno: apártate del mal y obra el bien: busca la paz y síguela. Y cuando esto hiciereis, pondré en vosotros mis ojos, y mis oídos a vuestros ruegos, y antes que me invoquéis diré: Aquí estoy. ¿Qué cosa más dulce para nosotros, carísimos hermanos que esta voz del Señor que nos convida? Tanta es la Bondad de Dios, que El mismo nos muestra el camino de la vida. Ceñidos, pues con la fe y la práctica de las buenas obras, sigamos el camino del Señor por las sendas del Evangelio para que merezcamos ver en su reino a aquel que nos ha llamado.

Mas si queremos morar en su real palacio, hemos de saber que no se llega a él sino corriendo por el camino de las buenas obras. Pero preguntemos al Señor, diciéndole con David: ¿Quien Señor, habitará en tu palacio, y quien tendrá en tu monte santo descanso eterno? Hecha esta pregunta escuchemos lo que el

Señor responde, y como nos guía y muestra el camino de esta morada, diciendo: Aquel cuya vida es inocente, y que obra bien; el que habla verdad con sincero corazón; el que en sus palabras no tiene dolo; el que no hace mal a su prójimo; el que no da oídos a calumnias de su hermano. El que, cerrando todas las puertas de su corazón a las sugestiones y a la malicia del demonio, lo aleja de si, destruye sus fuerzas, reprime y estrella sus tentaciones, luego que las advierte, contra la verdadera piedra que es Cristo. Los que temiendo al Señor, no se ensoberbecen por su buena conducta, antes sabiendo que por si nada pueden, y que Dios es el autor de sus buenas obras, le glorifican en ellas, diciendo con el profeta: No a nosotros, Dios mío, no a nosotros sino a vuestro solo Nombre es a quien toda gloria es debida. Al modo que el Apóstol S. Pablo, no atribuyéndose cosa alguna a si de los frutos de su predicación, decía: Por la gracia de Dios soy lo que soy; y en otra parte: El que se gloría, gloríese en el Señor.

Por esto dice Cristo en su Evangelio: El que oye y guarda mi doctrina, será semejante al varón sabio que ha edificado su casa sobre piedra. Vinieron recias borrascas de viento y lluvia y la batieron; pero se mantuvo firme, porque estaba fundada sobre piedra. Para colmo de esto, el Señor espera cada día deseando que correspondamos con buenas obras a estos sus santos avisos. Por eso nos da treguas todo el tiempo de nuestra vida, para que enmendemos nuestros excesos, diciéndonos con el Apóstol: ¿Por ventura ignoras que la paciencia de Dios te convida a penitencia? Y este Dios, todo lleno de piedad, dice en otra parte: No quiero la muerte del pecador, sino que se convierta y que viva.

Habiendo pues, preguntado, hermanos míos, al Señor por el que ha de habitar en su casa, oímos lo prescrito para habitar en ella; y que si cumplimos con las obligaciones de sus moradores, seremos herederos del reino de los cielos. Preparemos pues nuestros cuerpos y corazones para militar bajo la santa obediencia de sus preceptos y roguemos al Señor que no de las gracias necesarias para poder observar lo que excede a las fuerzas de nuestra naturaleza. Porque si queremos evitar las penas del infierno y conseguir la vida eterna, es preciso que, mientras podemos, mientras estamos en este cuerpo mortal, y nos lo permita la luz de esta vida, corramos y hagamos desde luego lo que puede hacernos eternamente felices.

Para esto vamos a instituir una escuela en que se enseñe a servir al Señor; en la cual esperamos no establecer cosa alguna que sea muy austera, ni muy penosa. Mas si la justicia, y la razón, el deseo de corregir los vicios y de conservar la caridad, nos obligase a ordenar algunas cosas con alguna estrechez, no por eso dejéis asustados el camino de la salud, cuyos principios son siempre estrechos; pero a medida que se adelanta en la senda de la piedad y de la fe, se corre, dilatado el corazón, en el camino de los divinos mandamientos con inefable dulzura de caridad; de modo que, no apartándonos jamás de la escuela de este divino Maestro, y perseverando hasta la muerte bajo sus instrucciones en el claustro, nos hagamos dignos de participar, por medio de la paciencia, de los padecimientos de Cristo, y merezcamos estar con El en su reino.

1

LAS CLASES DE MONJES

Es sabido que hay cuatro clases de monjes. La primera es la de los cenobitas, esto es, la de aquellos que viven en un monasterio y que militan bajo una regla y un abad.

La segunda clase es la de los anacoretas o ermitaños, quienes, no en el fervor novicio de la vida religiosa, sino después de una larga probación en el monasterio, aprendieron a pelear contra el diablo, enseñados por la ayuda de muchos. Bien adiestrados en las filas de sus hermanos para la lucha solitaria del desierto, se sienten ya seguros sin el consuelo de otros, y son capaces de luchar con sólo su mano y su brazo, y con el auxilio de Dios, contra los vicios de la carne y de los pensamientos.

La tercera, es una pésima clase de monjes: la de los sarabaítas. Éstos no han sido probados como oro en el crisol por regla alguna en el magisterio de la experiencia, sino que, blandos como plomo, guardan en sus obras fidelidad al mundo, y mienten a Dios con su tonsura. Viven de dos en dos o de tres en tres, o también solos, sin pastor, reunidos, no en los apriscos del Señor sino en los suyos propios. Su ley es la satisfacción de sus gustos: llaman santo a lo que se les ocurre o eligen, y consideran ilícito lo que no les gusta.

La cuarta clase de monjes es la de los giróvagos, que se pasan la vida viviendo en diferentes provincias, hospedándose tres o cuatro días en distintos monasterios. Siempre vagabundos, nunca permanecen estables. Son esclavos de sus deseos y de los placeres de la gula, y peores en todo que los sarabaítas.

De la misérrima vida de todos éstos, es mejor callar que hablar. Dejándolos, pues, de lado, vamos a organizar, con la ayuda del Señor, el fortísimo linaje de los cenobitas.

2
COMO DEBE SER EL ABAD

Un abad digno de presidir un monasterio debe acordarse siempre de cómo se lo llama, y llenar con obras el nombre de superior. Se cree, en efecto, que hace las veces de Cristo en el monasterio, puesto que se lo llama con ese nombre, según lo que dice el Apóstol: "Recibieron el espíritu de adopción de hijos, por el cual clamamos: Abba, Padre" (Rm 8,15).

Por lo tanto, el abad no debe enseñar, establecer o mandar nada que se aparte del precepto del Señor, sino que su mandato y su doctrina deben difundir el fermento de la justicia divina en las almas de los discípulos. Recuerde siempre el abad que se le pedirá cuenta en el tremendo juicio de Dios de estas dos cosas: de su doctrina, y de la obediencia de sus discípulos. Y sepa el abad que el pastor será el culpable del detrimento que el Padre de familias encuentre en sus ovejas. Pero si usa toda su diligencia de pastor con el rebaño inquieto y desobediente, y emplea todos sus cuidados para corregir su mal comportamiento, este pastor será absuelto en el juicio del Señor, y podrá decir con el Profeta: "No escondí tu justicia en mi corazón; manifesté tu verdad y tu salvación, pero ellos, desdeñándome, me despreciaron" (Sal 39,11 e Is 1,2). Y entonces, por fin, la muerte misma sea el castigo de las ovejas desobedientes encomendadas a su cuidado.

Por tanto, cuando alguien recibe el nombre de abad, debe gobernar a sus discípulos con doble doctrina, esto es, debe enseñar todo lo bueno y lo santo más con obras que con palabras. A los discípulos capaces proponga con palabras los mandatos del Señor, pero a los duros de corazón y a los más simples muestre con sus obras los preceptos divinos. Y cuanto enseñe a sus discípulos que es malo, declare con su modo de obrar que no se debe hacer, no sea que predicando a los demás sea él hallado réprobo, y que si peca, Dios le diga: "¿Por qué predicas tú mis preceptos y tomas en tu boca mi alianza? pues tú odias la disciplina y echaste mis palabras a tus espaldas" (Sal 49,16s), y "Tú, que veías una paja en el ojo de tu hermano)no viste una viga en el tuyo?" (cf. Mt 7,3).

No haga distinción de personas en el monasterio. No ame a uno más que a otro, sino al que hallare mejor por sus buenas obras o por la obediencia. No anteponga el hombre libre al que viene a la religión de la condición servil, a no ser que exista otra causa razonable. Si el abad cree justamente que ésta existe, hágalo así, cualquiera fuere su rango. De lo contrario, que cada uno ocupe su lugar, porque tanto el siervo como el libre, todos somos uno en Cristo, y servimos bajo un único Señor en una misma milicia, porque no hay acepción de personas ante Dios. Él nos prefiere solamente si nos ve mejores que otros en las buenas obras y en la humildad. Sea, pues, igual su caridad para con todos, y tenga con todos una única actitud según los méritos de cada uno.

El abad debe, pues, guardar siempre en su enseñanza, aquella norma del Apóstol que dice: "Reprende, exhorta, amonesta" (2 Tm 4,2), es decir, que debe actuar según las circunstancias, ya sea con severidad o con dulzura, mostrando rigor de maestro o afecto de padre piadoso. Debe, pues, reprender más duramente a los indisciplinados e inquietos, pero a los obedientes, mansos y pacientes, debe exhortarlos para que progresen; y le advertimos que amoneste y castigue a los negligentes y a los arrogantes.

No disimule los pecados de los transgresores, sino que, cuando empiecen a brotar, córtelos de raíz en cuanto pueda, acordándose de la desgracia de Helí, sacerdote de Silo. A los mejores y más capaces corríjalos de palabra una o dos veces; pero a los malos, a los duros, a los soberbios y a los desobedientes reprímalos en el comienzo del pacado con azotes y otro castigo corporal, sabiendo que está escrito: "Al necio no se lo corrige con palabras" (Pr 29,19), y también: "Pega a tu hijo con la vara, y librarás su alma de la muerte" (Pr 23,14).

El abad debe acordarse siempre de lo que es, debe recordar el nombre que lleva, y saber que a quien más se le confía, más se le exige. Y sepa qué difícil y ardua es la tarea que toma: regir almas y servir los temperamentos de muchos, pues con unos debe emplear halagos, represiones con otros, y con otros consejos. Deberá conformarse y adaptarse a todos según su condición e inteligencia, de modo que no sólo no padezca detrimento la grey que le ha sido confiada, sino que él pueda alegrarse con el crecimiento del buen rebaño.

Ante todo no se preocupe de las cosas pasajeras, terrenas y caducas, de tal modo que descuide o no dé importancia a la salud de las almas encomendadas a él. Piense siempre que recibió el gobierno de almas de las que ha de dar cuenta. Y para que no se excuse en la escasez de recursos, acuérdese de que está escrito:

"Busquen el reino de Dios y su justicia, y todas estas cosas se les darán por añadidura" (Mt 6,33), y también: "Nada falta a los que le temen" (Sal 33,10).

Sepa que quien recibe almas para gobernar, debe prepararse para dar cuenta de ellas. Tenga por seguro que, en el día del juicio, ha de dar cuenta al Señor de tantas almas como hermanos haya tenido confiados a su cuidado, además, por cierto, de su propia alma. Y así, temiendo siempre la cuenta que va a rendir como pastor de las ovejas a él confiadas, al cuidar de las cuentas ajenas, se vuelve cuidadoso de la suya propia, y al corregir a los otros con sus exhortaciones, él mismo se corrige de sus vicios.

3

CONVOCACIÓN DE LOS HERMANOS A CONSEJO

Siempre que en el monasterio haya que tratar asuntos de importancia, convoque el abad a toda la comunidad, y exponga él mismo de qué se ha de tratar. Oiga el consejo de los hermanos, reflexione consigo mismo, y haga lo que juzgue más útil. Hemos dicho que todos sean llamados a consejo porque muchas veces el Señor revela al más joven lo que es mejor.

Los hermanos den su consejo con toda sumisión y humildad, y no se atrevan a defender con insolencia su opinión. La decisión dependa del parecer del abad, y todos obedecerán lo que él juzgue ser más oportuno. Pero así como conviene que los discípulos obedezcan al maestro, así corresponde que éste disponga todo con probidad y justicia.

Todos sigan, pues, la Regla como maestra en todas las cosas, y nadie se aparte temerariamente de ella. Nadie siga en el monasterio la voluntad de su propio corazón. Ninguno se atreva a discutir con su abad atrevidamente, o fuera del monasterio. Pero si alguno se atreve, quede sujeto a la disciplina regular. Mas el mismo abad haga todo con temor de Dios y observando la Regla, sabiendo que ha de dar cuenta, sin duda alguna, de todos sus juicios a Dios, justísimo juez.

Pero si las cosas que han de tratarse para utilidad del monasterio son de menor importancia, tome consejo solamente de los ancianos, según está escrito: "Hazlo todo con consejo, y después de hecho no te arrepentirás" (Pr 31,4 Vet lat; y Si 32,24).

4
LOS INSTRUMENTOS DE LAS BUENAS OBRAS

Primero, amar al Señor Dios con todo el corazón, con toda el alma y con todas las fuerzas;
    2 después, al prójimo como a sí mismo.
3 Luego, no matar;
4 no cometer adulterio,
5 no hurtar,
6 no codiciar,
7 no levantar falso testimonio,
8 honrar a todos los hombres,
9 no hacer a otro lo que uno no quiere para sí.
10 Negarse a sí mismo para seguir a Cristo.
11 Castigar el cuerpo,
12 no entregarse a los deleites,
13 amar el ayuno.
14 Alegrar a los pobres,
15 vestir al desnudo,
16 visitar al enfermo,

17 sepultar al muerto.

18 Socorrer al atribulado,

19 consolar al afligido.

20 Hacerse extraño al proceder del mundo,

21 no anteponer nada al amor de Cristo.

22 No ceder a la ira,

23 no guardar rencor.

24 No tener dolo en el corazón,

25 no dar paz falsa.

26 No abandonar la caridad.

27 No jurar, no sea que acaso perjure,

28 decir la verdad con el corazón y con la boca.

29 No devolver mal por mal.

30 No hacer injurias, sino soportar pacientemente las que le hicieren.

31 Amar a los enemigos.

32 No maldecir a los que lo maldicen, sino más bien bendecirlos.

33 Sufrir persecución por la justicia.

34 No ser soberbio,

35 ni aficionado al vino,

36 ni glotón,

37 ni dormilón.

5
LA OBEDIENCIA

El primer grado de humildad es una obediencia sin demora. Esta es la que conviene a aquellos que nada estiman tanto como a Cristo. Ya sea en razón del santo servicio que han profesado, o por el temor del infierno, o por la gloria de la vida eterna, en cuanto el superior les manda algo, sin admitir dilación alguna, lo realizan como si Dios se lo mandara. El Señor dice de éstos: "En cuanto me oyó, me obedeció" (Sal 17,45). Y dice también a los que enseñan: "El que a ustedes oye, a mí me oye" (Lc 16,10). Estos tales, dejan al momento sus cosas, abandonan la propia voluntad, desocupan sus manos y dejan sin terminar lo que estaban haciendo, y obedeciendo a pie juntillas, ponen por obra la voz del que manda. Y así, en un instante, con la celeridad que da el temor de Dios, se realizan como juntamente y con prontitud ambas cosas: el mandato del maestro y la ejecución del discípulo. Es que el amor los incita a avanzar hacia la vida eterna. Por eso toman el camino estrecho del que habla el Señor cuando dice: "Angosto es el camino que conduce a la vida" (Mt 7,14). Y así, no viven a su capricho ni obedecen a sus propios deseos y gustos, sino que andan bajo el juicio e imperio de otro, viven en los monasterios, y desean que los gobierne un abad. Sin duda estos tales practican aquella sentencia del Señor que dice: "No vine a hacer mi voluntad, sino la de Aquel que me envió" (Jn 6,38).

Pero esta misma obediencia será entonces agradable a Dios y dulce a los hombres, si la orden se ejecuta sin vacilación, sin tardanza, sin tibieza, sin murmuración o sin negarse a obedecer, porque la obediencia que se rinde a los mayores, a Dios se rinde. Él efectivamente dijo: "El que a ustedes oye, a mí me oye" (Lc 10,16). Y los discípulos deben prestarla de buen grado porque "Dios ama al que da con alegría" (2 Co 9,7). Pero si el discípulo obedece con disgusto y murmura, no solamente con la boca sino también con el corazón, aunque cumpla lo mandado, su obediencia no será ya agradable a Dios que ve el corazón del que murmura. Obrando así no consigue gracia alguna, sino que incurre en la pena de los murmuradores, si no satisface y se enmienda.

6
EL SILENCIO

Hagamos lo que dice el Profeta: "Yo dije: guardaré mis caminos para no pecar con mi lengua; puse un freno a mi boca, enmudecí, me humillé y me abstuve de hablar aun cosas buenas" (Sal 38,2s). El Profeta nos muestra aquí que si a veces se deben omitir hasta conversaciones buenas por amor al silencio, con cuanta mayor razón se deben evitar las palabras malas por la pena del pecado.

Por tanto, dada la importancia del silencio, rara vez se dé permiso a los discípulos perfectos para hablar aun de cosas buenas, santas y edificantes, porque está escrito: "Si hablas mucho no evitarás el pecado" (Pr 10,19), y en otra parte: "La muerte y la vida están en poder de la lengua" (Pr 18,21). Pues hablar y enseñar le corresponde al maestro, pero callar y escuchar le toca al discípulo.

Por eso, cuando haya que pedir algo al superior, pídase con toda humildad y respetuosa sumisión. En cuanto a las bromas, las palabras ociosas y todo lo que haga reír, lo condenamos a una eterna clausura en todo lugar, y no permitimos que el discípulo abra su boca para tales expresiones.

7
LA HUMILDAD

Clama, hermanos, la divina Escritura diciéndonos: "Todo el que se ensalza será humillado y el que se humilla será ensalzado" (Lc 14,11). Al decir esto nos muestra que toda exaltación es una forma de soberbia. El Profeta indica que se guarda de ella diciendo: "Señor, ni mi corazón fue ambicioso ni mis ojos altaneros; no anduve buscando grandezas ni maravillas superiores a mí." Pero ¿qué sucederá? "Si no he tenido sentimientos humildes, y si mi alma se ha envanecido, Tú tratarás mi alma como a un niño que es apartado del pecho de su madre" (Sal 130,1s).

Por eso, hermanos, si queremos alcanzar la cumbre de la más alta humildad, si queremos llegar rápidamente a aquella exaltación celestial a la que se sube por la humildad de la vida presente, tenemos que levantar con nuestros actos ascendentes la escala que se le apareció en sueños a Jacob, en la cual veía ángeles que subían y bajaban. Sin duda alguna, aquel bajar y subir no significa otra cosa sino que por la exaltación se baja y por la humildad se sube. Ahora bien, la escala misma así levantada es nuestra vida en el mundo, a la que el Señor levanta hasta el cielo cuando el corazón se humilla. Decimos, en efecto, que los dos lados de esta escala son nuestro cuerpo y nuestra alma, y en esos dos lados la vocación divina ha puesto los diversos escalones de humildad y de disciplina por los que debemos subir.

Así, pues, "el primer grado de humildad" consiste en que uno tenga siempre delante de los ojos el temor de Dios, y nunca lo olvide. Recuerde, pues, continuamente todo lo que Dios ha mandado, y medite sin cesar en su alma cómo el infierno abrasa, a causa de sus pecados, a aquellos que desprecian a Dios, y cómo la vida eterna está preparada para los que temen a Dios. Guárdese a toda hora de pecados y vicios, esto es, los de los pensamientos, de la lengua, de las manos, de los pies y de la voluntad propia, y apresúrese a cortar los deseos de la carne. Piense el hombre que Dios lo mira siempre desde el cielo, y que en todo lugar, la mirada de la divinidad ve sus obras, y que a toda hora los ángeles se las anuncian.

Esto es lo que nos muestra el Profeta cuando declara que Dios está siempre presente a nuestros pensamientos diciendo: "Dios escudriña los corazones y los riñones" (Sal 7,10). Y también: "El Señor conoce los pensamientos de los hombres" (Sal 93,11), y dice de nuevo: "Conociste de lejos mis pensamientos" (Sal 138,3). Y: "El pensamiento del hombre te será manifiesto" (Sal 75,11). Y para que el hermano virtuoso esté en guardia contra sus pensamientos perversos, diga siempre en su corazón: "Solamente seré puro en tu presencia si me mantuviere alerta contra mi iniquidad" (Sal 17,24).

En cuanto a la voluntad propia, la Escritura nos prohíbe hacerla cuando dice: "Apártate de tus voluntades" (Si 18,30).

Además pedimos a Dios en la Oración que se haga en nosotros su voluntad. Justamente, pues, se nos enseña a no hacer nuestra voluntad cuidándonos de lo que la Escritura nos advierte: "Hay caminos que parecen rectos a los hombres, pero su término se hunde en lo profundo del infierno" (Pr 16,25), y temiendo también, lo que se dice de los negligentes: "Se han corrompido y se han hecho abominables en sus deseos" (Sal 13,1).

En cuanto a los deseos de la carne, creamos que Dios está siempre presente, pues el Profeta dice al Señor: "Ante ti están todos mis deseos" (Sal 37,10).

Debemos, pues, cuidarnos del mal deseo, porque la muerte está apostada a la entrada del deleite. Por eso la Escritura nos da este precepto: "No vayas en pos de tus concupiscencias" (Si 18,30).

Luego, si "los ojos del Señor vigilan a buenos y malos" (Pr 15,3), y "el Señor mira siempre desde el cielo a los hijos de los hombres, para ver si hay alguno inteligente y que busque a Dios" (Sal 13,2), y si los ángeles que nos están asignados, anuncian día y noche nuestras obras al Señor, hay que estar atentos, hermanos, en todo tiempo, como dice el Profeta en el salmo, no sea que Dios nos mire en algún momento y vea que nos hemos inclinado al mal y nos hemos hecho inútiles, y perdonándonos en esta vida, porque es piadoso y espera que nos convirtamos, nos diga en la vida futura: "Esto hiciste y callé" (Sal 49,21).

"El segundo grado de humildad" consiste en que uno no ame su propia voluntad, ni se complazca en hacer sus gustos, sino que imite con hechos al Señor que dice: "No vine a hacer mi voluntad sino la de Aquel que me envió" (Jn 6,38). Dice también la Escritura: "La voluntad tiene su pena, y la necesidad engendra la corona."

"El tercer grado de humildad" consiste en que uno, por amor

de Dios, se someta al superior en cualquier obediencia, imitando al Señor de quien dice el Apóstol: "Se hizo obediente hasta la muerte" (Flp 2,8).

8

LOS OFICIOS DIVINOS POR LA NOCHE

En invierno, es decir, desde el primero de noviembre hasta Pascua, siguiendo un criterio razonable, levántense a la octava hora de la noche, a fin de que descansen hasta un poco más de media noche, y se levanten ya reparados. Lo que queda después de las Vigilias, empléenlo los hermanos que lo necesiten en el estudio del salterio y de las lecturas.

Pero desde Pascua hasta el mencionado primero de noviembre, el horario se regulará de este modo: Después del oficio de Vigilias, tras un brevísimo intervalo para que los hermanos salgan a las necesidades naturales, sigan los Laudes, que se dirán con las primeras luces del día.

9

CUANTOS SALMOS SE HAN DE DECIR EN LAS HORAS NOCTURNAS

En el mencionado tiempo de invierno, debe decirse en primer lugar y por tres veces el verso: "Señor, ábreme los labios, y mi boca anunciará tus alabanzas" (Sal 50,17), al que se añadirá el salmo 3 y el "Gloria"; tras éste, el salmo 94 con antífona, o por lo menos, cantado. Siga luego el himno, después seis salmos con antífonas. Dichos éstos y el verso, dé el abad la bendición. Siéntense todos en bancos, y los hermanos lean por turno en el libro del atril, tres lecturas, entre las cuales cántense tres responsorios. Dos responsorios díganse sin "Gloria", pero después de la tercera lectura, el que canta diga "Gloria". Cuando el cantor comienza a entonarlo, levántense todos inmediatamente de sus asientos en honor y reverencia de la Santa Trinidad.

Léanse en las Vigilias los libros de autoridad divina, tanto del Antiguo como del Nuevo Testamento, así como los comentarios que hayan hecho sobre ellos los Padres católicos conocidos y ortodoxos.

Después de estas tres lecturas con sus responsorios, sigan otros seis salmos que se han de cantar con "Alleluia". Tras éstos, una lectura del Apóstol que se ha de recitar de memoria, el verso y la súplica de la letanía, esto es el "Kyrie eleison". Así se concluirán las "Vigilias" nocturnas.

10

COMO SE HA DE CELEBRAR EN VERANO LA ALABANZA NOCTURNA

Desde Pascua hasta el primero de noviembre manténgase, en cuanto al número de salmos, todo lo que se dijo arriba, pero, a causa de la brevedad de las noches, no se leerán las lecturas en el libro, sino que, en lugar de esas tres lecturas, se dirá una de memoria, tomada del Antiguo Testamento y seguida de un responsorio breve. Todo lo demás cúmplase como se dijo, es decir, que nunca se digan en las Vigilias menos de doce salmos, sin contar en este número el salmo 3 y el 94.

11
COMO HAN DE CELEBRARSE LAS VIGILIAS DE LOS DOMINGOS

El domingo levántense para las Vigilias más temprano. Guárdese en tales Vigilias esta disposición: Reciten, como arriba dispusimos, seis salmos y el verso. Siéntense todos por orden en los bancos, y léase en el libro, como arriba dijimos, cuatro lecciones con sus responsorios. Sólo en el cuarto responsorio diga "Gloria" el cantor, y al entonarlo, levántense todos en seguida con reverencia.

Después de estas lecturas, síganse por orden otros seis salmos con antífonas, como los anteriores, y el verso. Luego léanse de nuevo otras cuatro lecturas con sus responsorios en el orden indicado.

Después de éstas, díganse tres cánticos de los Profetas, los que determine el abad, los cuales se salmodiarán con "Alleluia". Dígase el verso, dé el abad la bendición, y léanse otras cuatro lecturas del Nuevo Testamento en el orden indicado. Después del cuarto responsorio empiece el abad el himno "Te Deum laudamus". Una vez dicho, lea el abad una lectura de los Evangelios, estando todos de pie con respeto y temor. Al terminar, todos respondan "Amén", y prosiga en seguida el abad con el himno "Te decet laus", y dada la bendición, empiecen los Laudes.

Manténgase este orden de las Vigilias del domingo en todo tiempo, tanto en verano como en invierno, a no ser que se levanten más tarde - lo que no suceda - y haya que abreviar un poco las lecturas o los responsorios. Cuídese mucho de que esto no ocurra, pero si aconteciere, el responsable de esta negligencia dé conveniente satisfacción a Dios en el oratorio.

12
COMO SE HA DE CELEBRAR EL OFICIO DE LAUDES

En los Laudes del domingo, dígase en primer lugar el salmo 66 sin antífona, todo seguido. Luego dígase el 50 con "Alleluia"; tras él, el 117 y el 62; después el "Benedicite" y los "Laudate", una lectura del Apocalipsis dicha de memoria, el responsorio, el himno, el verso, el cántico del Evangelio, la letanía, y así se concluye.

13

COMO HAN DE CELEBRARSE LOS LAUDES EN LOS DÍAS ORDINARIOS

En los días ordinarios, en cambio, celébrese la solemnidad de Laudes de este modo: Dígase el salmo 66 sin antífona, demorándolo un poco, como el domingo, para que todos lleguen al 50 que se dirá con antífona. Luego díganse otros dos salmos, como es de costumbre, esto es: el lunes, el 5 y el 35; el martes, el 42 y el 56; el miércoles, el 63 y el 64; el jueves, el 87 y el 89; el viernes, el 75 y el 91; y el sábado, el 142 y el cántico del Deuteronomio que se dividirá en dos "Glorias". Pero en los demás días se dirá un cántico de los Profetas, cada uno en su día, como salmodia la Iglesia Romana. Sigan después los "Laudate", luego una lectura del Apóstol que se ha de recitar de memoria, el responsorio, el himno, el verso, el cántico del Evangelio, la letanía, y así se concluye.

Los oficios de Laudes y Vísperas no deben terminar nunca sin que el superior diga íntegramente la oración del Señor, de modo que todos la oigan. Esto se hará, porque como suelen aparecer las espinas de los escándalos, amonestados por la promesa de la misma oración que dice: "Perdónanos así como nosotros perdonamos", se purifiquen de este vicio. En las otras Horas, en cambio, se dirá la última parte de esta oración, para que todos respondan: "Mas líbranos del mal."

14

COMO HAN DE CELEBRARSE LAS VIGILIAS EN LAS FIESTAS DE LOS SANTOS

En las festividades de los santos y en todas las solemnidades celébrese el oficio como dispusimos para el domingo, excepto que se dirán los salmos, las antífonas y las lecturas que correspondan al mismo día. Pero guárdese la disposición prescrita.

15
EN QUÉ TIEMPOS SE DIRÁ ALLELUIA

Desde la santa Pascua hasta Pentecostés, se dirá "Alleluia" sin interrupción, tanto en los salmos como en los responsorios. Pero desde Pentecostés hasta el principio de Cuaresma se dirá únicamente todas las noches a los Nocturnos, con los seis últimos salmos.

Pero todos los domingos, salvo en Cuaresma, se dirán con "Alleluia" los cánticos, Laudes, Prima, Tercia, Sexta y Nona; mas las Vísperas con antífona. En cambio, los responsorios no se digan nunca con "Alleluia", sino desde Pascua hasta Pentecostés.

16
COMO SE HAN DE CELEBRAR LOS OFICIOS DIVINOS DURANTE EL DÍA

Dice el Profeta: "Siete veces al día te alabé" (Sal 118,164). Nosotros observaremos este sagrado número septenario, si cumplimos los oficios de nuestro servicio en Laudes, Prima, Tercia, Sexta, Nona, Vísperas y Completas, porque de estas horas del día se dijo: "Siete veces al día te alabé." Pues de las Vigilias nocturnas dijo el mismo Profeta: "A media noche me levantaba para darte gracias" (Sal 118,62).

Ofrezcamos, entonces, alabanzas a nuestro Creador "por los juicios de su justicia" (Sal 118,62 y 64) en estos tiempos, esto es, en Laudes, Prima, Tercia, Sexta, Nona, Vísperas y Completas, y levantémonos por la noche para darle gracias.

17
CUÁNTOS SALMOS SE HAN DE CANTAR EN ESAS MISMAS HORAS

Ya hemos dispuesto el orden de la salmodia en los Nocturnos y en Laudes; veamos ahora en las Horas siguientes.

En la Hora de Prima díganse tres salmos separadamente, y no bajo un solo "Gloria"; el himno de esta Hora se dirá después del verso: "Oh Dios, ven en mi ayuda" (Sal 69,2), antes de empezar los salmos. Cuando se terminen los tres salmos recítese una lectura, el verso, el "Kyrie eleison" y la conclusión.

A Tercia, Sexta y Nona celébrese la oración con el mismo orden, esto es: el himno de esas Horas, tres salmos, la lectura y el verso, el "Kyrie eleison" y la conclusión. Si la comunidad fuere numerosa, los salmos se cantarán con antífonas, pero si es reducida, seguidos.

El oficio de Vísperas constará, en cambio, de cuatro salmos con antífona; después de éstos ha de recitarse la lectura, luego el responsorio, el himno, el verso, el cántico del Evangelio, la letanía, y termínese con la Oración del Señor.

Completas comprenderá la recitación de tres salmos que se han de decir seguidos, sin antífona; después de ellos, el himno de esta Hora, una lectura, el verso, el "Kyrie eleison", y termínese con una bendición.

18

EN QUÉ ORDEN SE HAN DE DECIR LOS SALMOS

Primero dígase el verso: "Oh Dios, ven en mi ayuda; apresúrate, Señor, a socorrerme" (Sal 69,2), y "Gloria"; y después el himno de cada Hora.

En Prima del domingo se han de decir cuatro secciones del salmo 118, pero en las demás Horas, esto es, en Tercia, Sexta y Nona, díganse tres secciones de dicho salmo 118. En Prima del lunes díganse tres salmos, el 1, el 2 y el 6. Y así cada día en Prima, hasta el domingo, díganse por orden tres salmos hasta el 19, dividiendo el salmo 9 y el 17 en dos partes. Se hace así, para que las Vigilias del domingo empiecen siempre con el salmo 20.

En Tercia, Sexta y Nona del lunes díganse las nueve secciones que quedan del salmo 118, tres en cada Hora. Como el salmo 118 se termina en dos días, esto es entre el domingo y el lunes, el martes en Tercia, Sexta y Nona salmódiense tres salmos desde el 119 hasta el 127, esto es, nueve salmos. Estos salmos se repetirán siempre los mismos en las mismas Horas hasta el domingo, conservando todos los días la misma disposición de himnos, lecturas y versos. Así se comenzará siempre el domingo con el salmo 118.

Cántese diariamente Vísperas modulando cuatro salmos, desde el 109 hasta el 147, exceptuando los que se han reservado para otras Horas, esto es, desde el 117 hasta el 127, y el 133 y el 142. Los demás deben decirse en Vísperas. Pero como resultan tres salmos menos, por eso han de dividirse los más largos de dicho número, es a saber, el 138, el 143 y el 144. En cambio el 116, porque es breve, júntese con el 115. Dispuesto, pues, el orden de los salmos vespertinos, lo demás, esto es, lectura, responsorio, himno, verso y cántico, cúmplase como arriba dispusimos.

En Completas, en cambio, repítanse diariamente los mismos salmos, es a saber, el 4, el 90 y el 133.

Dispuesto el orden de la salmodia diurna, todos los demás salmos que quedan, repártanse por igual en las Vigilias de las siete noches, dividiendo aquellos salmos que son más largos, y asignando doce para cada noche.

Advertimos especialmente que si a alguno no le gusta esta distribución de salmos, puede ordenarlos como le parezca mejor, con tal que mantenga siempre la recitación íntegra del salterio de ciento cincuenta salmos en una semana, y que en las Vigilias del domingo se vuelva a comenzar desde el principio, porque muestran un muy flojo servicio de devoción los monjes que, en el espacio de una semana, salmodian menos que un salterio, con los cánticos acostumbrados, cuando leemos que nuestros santos Padres cumplían valerosamente en un día, lo que nosotros, tibios, ojalá realicemos en toda una semana.

19

EL MODO DE SALMODIAR

Creemos que Dios está presente en todas partes, y que "los ojos del Señor vigilan en todo lugar a buenos y malos" (Pr 15,3), pero debemos creer esto sobre todo y sin la menor vacilación, cuando asistimos a la Obra de Dios.

Por tanto, acordémonos siempre de lo que dice el Profeta: "Sirvan al Señor con temor" (Sal 2,11). Y otra vez: "Canten sabiamente" (Sal 46,8). Y, "En presencia de los ángeles cantaré para ti" (Sal 137,1).

Consideremos, pues, cómo conviene estar en la presencia de la Divinidad y de sus ángeles, y asistamos a la salmodia de tal modo que nuestra mente concuerde con nuestra voz.

20
LA REVERENCIA EN LA ORACIÓN

Si cuando queremos sugerir algo a hombres poderosos, no osamos hacerlo sino con humildad y reverencia, con cuánta mayor razón se ha de suplicar al Señor Dios de todas las cosas con toda humildad y pura devoción.

Y sepamos que seremos escuchados, no por hablar mucho, sino por la pureza de corazón y compunción de lágrimas. Por eso la oración debe ser breve y pura, a no ser que se prolongue por un afecto inspirado por la gracia divina. Pero en comunidad abréviese la oración en lo posible, y cuando el superior dé la señal, levántense todos juntos.

21
LOS DECANOS DEL MONASTERIO

Si la comunidad es numerosa, elíjanse hermanos que tengan buena fama y una vida santa, y sean nombrados decanos, para que velen en todo con solicitud sobre sus decanías, según los mandamientos de Dios y los preceptos de su abad.

Elíjanse decanos a aquellos con quienes el abad pueda compartir confiadamente su cargo. Y no se elijan por orden, sino según el mérito de su vida y la sabiduría de su doctrina.

Si alguno de los decanos, hinchado por el espíritu de soberbia, se hace reprensible, corríjaselo una primera, una segunda y una tercera vez, y si no quiere enmendarse, destitúyaselo y póngase en su lugar a otro que sea digno. Lo mismo establecemos respecto del prior.

22
COMO HAN DE DORMIR LOS MONJES

Duerma cada cual en su cama. Reciban de su abad la ropa de cama adecuada a su género de vida. Si es posible, duerman todos en un mismo local, pero si el número no lo permite, duerman de a diez o de a veinte, con ancianos que velen sobre ellos. En este dormitorio arda constantemente una lámpara hasta el amanecer.

Duerman vestidos, y ceñidos con cintos o cuerdas. Cuando duerman, no tengan a su lado los cuchillos, no sea que se hieran durante el sueño. Estén así los monjes siempre preparados, y cuando se dé la señal, levántense sin tardanza y apresúrense a anticiparse unos a otros para la Obra de Dios, aunque con toda gravedad y modestia. Los hermanos más jóvenes no tengan las camas contiguas, sino intercaladas con las de los ancianos. Cuando se levanten para la Obra de Dios, anímense discretamente unos a otros, para que los soñolientos no puedan excusarse.

23
LA EXCOMUNIÓN POR LAS FALTAS

Si algún hermano es terco, desobediente, soberbio o murmurador, o contradice despreciativamente la Santa Regla en algún punto, o los preceptos de sus mayores, sea amonestado secretamente por sus ancianos una y otra vez, según el precepto de nuestro Señor. Si no se enmienda, repréndaselo públicamente delante de todos. Si ni así se corrige, sea excomulgado, con tal que sea capaz de comprender la importancia de esta pena. Si no es capaz, reciba un castigo corporal.

24

CUAL DEBE SER EL ALCANCE DE LA EXCOMUNIÓN

La gravedad de la excomunión o del castigo debe calcularse por la gravedad de la falta, cuya estimación queda a juicio del abad.

Si un hermano cae en faltas leves, no se le permita compartir la mesa. Con el excluido de la mesa común se seguirá este criterio: En el oratorio no entone salmo o antífona, ni lea la lectura, hasta que satisfaga. Tome su alimento solo, después que los hermanos hayan comido; así, por ejemplo, si los hermanos comen a la hora de sexta, coma él a la de nona, si los hermanos a la de nona, él a la de vísperas, hasta que sea perdonado gracias a una expiación conveniente.

25
LAS FALTAS MÁS GRAVES

Al hermano culpable de una falta más grave exclúyanlo a la vez de la mesa y del oratorio. Ninguno de los hermanos se acerque a él para hacerle compañía o para conversar. Esté solo en el trabajo que le manden hacer, y persevere en llanto de penitencia meditando aquella terrible sentencia del Apóstol que dice: "Este hombre ha sido entregado a la muerte de la carne, para que su espíritu se salve en el día del Señor" (1 Co 5,5). Tome a solas su alimento, en la medida y hora que el abad juzgue convenirle. Nadie lo bendiga al pasar, ni se bendiga el alimento que se le da.

26

LOS QUE SE JUNTAN SIN PERMISO CON LOS EXCOMULGADOS

Si algún hermano se atreve, sin orden del abad, a tomar contacto de cualquier modo con un hermano excomulgado, a hablar con él o a enviarle un mensaje, incurra en la misma pena de la excomunión.

27

CON QUÉ SOLICITUD DEBE EL ABAD CUIDAR DE LOS EXCOMULGADOS

Cuide el abad con la mayor solicitud de los hermanos culpables, porque "no necesitan médico los sanos, sino los enfermos" (Mt 9,12). Por eso debe usar todos los recursos, como un sabio médico. Envíe, pues, "sempectas", esto es, hermanos ancianos prudentes que, como en secreto, consuelen al hermano vacilante, lo animen para que haga una humilde satisfacción, y lo consuelen "para que no sea abatido por una excesiva tristeza" (2 Co 2,7), sino que, como dice el Apóstol, "experimente una mayor caridad" (2 Co 2,8); y todos oren por él.

Debe, pues, el abad extremar la solicitud y procurar con toda sagacidad e industria no perder ninguna de las ovejas confiadas a él. Sepa, en efecto, que ha recibido el cuidado de almas enfermas, no el dominio tiránico sobre las sanas, y tema lo que Dios dice en la amenaza del Profeta: "Tomaban lo que veían gordo y desechaban lo flaco" (Ez 34,3s). Imite el ejemplo de piedad del buen Pastor, que dejó noventa y nueve ovejas en los montes, y se fue a buscar una que se había perdido. Y tanto se compadeció de su flaqueza, que se dignó cargarla sobre sus sagrados hombros y volverla así al rebaño.

28
DE LOS QUE MUCHAS VECES CORREGIDOS NO SE ENMIENDAN

Al hermano que, a pesar de ser corregido frecuentemente por una falta, y aun excomulgado, no se enmienda, aplíquesele una corrección más severa, esto es, castígueselo con azotes. Pero si ni aun así se corrige, o tal vez, lo que ojalá no suceda, se llena de soberbia y pretende defender su conducta, el abad obre como un sabio médico: si ya aplicó los fomentos y los ungüentos de las exhortaciones, los medicamentos de las divinas Escrituras y, por último, el cauterio de la excomunión y las heridas de los azotes, y ve que no puede nada con su industria, aplique también lo que es más eficaz, esto es, su oración y la de todos los hermanos por aquel, para que el Señor, que todo lo puede, sane al hermano enfermo.

Mas si no sana ni con este medio, use ya entonces el abad del hierro de la amputación, como dice el Apóstol: "Arranquen al malo de entre ustedes" (1 Co 5,13). Y en otro lugar: "El infiel, si se va que se vaya" (1 Co 7,15), no sea que una oveja enferma contagie todo el rebaño.

29
SI LOS MONJES QUE SE VAN DEL MONASTERIO DEBEN SER RECIBIDOS DE NUEVO

El hermano que se fue del monasterio por su propia culpa, y quiere luego volver, comience por prometer una total enmienda de lo que fue causa de su salida. Se le recibirá entonces en el último grado, para que así se compruebe su humildad. Mas si vuelve a salir, recíbaselo de igual modo hasta una tercera vez, sabiendo que, en adelante, toda posibilidad de retorno le será denegada.

30
COMO HAN DE SER CORREGIDOS LOS NIÑOS EN SU MENOR EDAD

Cada uno debe ser tratado según su edad y capacidad. Por eso, los niños y los adolescentes, o aquellos que son incapaces de comprender la gravedad de la pena de la excomunión, siempre que cometan una falta, deberán ser sancionados con rigurosos ayunos o corregidos con ásperos azotes, para que sanen.

31
COMO DEBE SER EL MAYORDOMO DEL MONASTERIO

Elíjase como mayordomo del monasterio a uno de la comunidad que sea sabio, maduro de costumbres, sobrio y frugal, que no sea ni altivo, ni agitado, ni propenso a injuriar, ni tardo, ni pródigo, sino temeroso de Dios, y que sea como un padre para toda la comunidad.

Tenga el cuidado de todo. No haga nada sin orden del abad, sino que cumpla todo lo que se le mande. No contriste a los hermanos. Si quizás algún hermano pide algo sin razón, no lo entristezca con su desprecio, sino niéguele razonablemente y con humildad lo que aquél pide indebidamente.

Mire por su alma, acordándose siempre de aquello del Apóstol: "Quien bien administra, se procura un buen puesto" (1 Tm 3,13). Cuide con toda solicitud de los enfermos, niños, huéspedes y pobres, sabiendo que, sin duda, de todos éstos ha de dar cuenta en el día del juicio.

Mire todos los utensilios y bienes del monasterio como si fuesen vasos sagrados del altar. No trate nada con negligencia.

No sea avaro ni pródigo, ni dilapide los bienes del monasterio. Obre en todo con mesura y según el mandato del abad.

Ante todo tenga humildad, y al que no tiene qué darle, déle una respuesta amable, porque está escrito: "Más vale una palabra amable que la mejor dádiva" (Si 18,17). Tenga bajo su cuidado todo lo que el abad le encargue, y no se entrometa en lo que aquél le prohíba. Proporcione a los hermanos el sustento establecido sin ninguna arrogancia ni dilación, para que no se escandalicen, acordándose de lo que merece, según la palabra divina, aquel que "escandaliza a alguno de los pequeños" (Mt 18,6).

Si la comunidad es numerosa, dénsele ayudantes, con cuya asistencia cumpla él mismo con buen ánimo el oficio que se le ha confiado.

Dense las cosas que se han de dar, y pídanse las que se han de pedir, en las horas que corresponde, para que nadie se perturbe ni aflija en la casa de Dios.

32
LAS HERRAMIENTAS Y OBJETOS DEL MONASTERIO

El abad confíe los bienes del monasterio, esto es, herramientas, vestidos y cualesquiera otras cosas, a hermanos de cuya vida y costumbres esté seguro, y asígneselas para su custodia y conservación, como él lo juzgue conveniente. De estos bienes tenga el abad un inventario, para saber lo que da y lo que recibe, cuando los hermanos se suceden en sus cargos. Si alguien trata las cosas del monasterio con sordidez o descuido, sea corregido, y si no se enmienda, sométaselo a la disciplina de la Regla.

33
SI LOS MONJES DEBEN TENER ALGO PROPIO

En el monasterio se ha de cortar radicalmente este vicio. Que nadie se permita dar o recibir cosa alguna sin mandato del abad, ni tener en propiedad nada absolutamente, ni libro, ni tablillas, ni pluma, nada en absoluto, como a quienes no les es lícito disponer de su cuerpo ni seguir sus propios deseos. Todo lo necesario deben esperarlo del padre del monasterio, y no les está permitido tener nada que el abad no les haya dado o concedido. Y que "todas las cosas sean comunes a todos" (Hch 4,32), como está escrito, de modo que nadie piense o diga que algo es suyo.

Si se sorprende a alguno que se complace en este pésimo vicio, amonéstreselo una y otra vez, y si no se enmienda, sométaselo a la corrección.

34

SI TODOS DEBEN RECIBIR IGUALMENTE LO NECESARIO

Está escrito: "Repartiese a cada uno de acuerdo a lo que necesitaba" (Hch 4,35). No decimos con esto que haya acepción de personas, no lo permita Dios, sino consideración de las flaquezas. Por eso, el que necesita menos, dé gracias a Dios y no se contriste; en cambio, el que necesita más, humíllese por su flaqueza y no se engría por la misericordia. Así todos los miembros estarán en paz.

Ante todo, que el mal de la murmuración no se manifieste por ningún motivo en ninguna palabra o gesto. Si alguno es sorprendido en esto, sométaselo a una sanción muy severa.

35
LOS SEMANEROS DE COCINA

Sírvanse los hermanos unos a otros, de tal modo que nadie se dispense del trabajo de la cocina, a no ser por enfermedad o por estar ocupado en un asunto de mucha utilidad, porque de ahí se adquiere el premio de una caridad muy grande. Dése ayuda a los débiles, para que no hagan este trabajo con tristeza; y aun tengan todos ayudantes según el estado de la comunidad y la situación del lugar. Si la comunidad es numerosa, el mayordomo sea dispensado de la cocina, como también los que, como ya dijimos, están ocupados en cosas de mayor utilidad. Los demás sírvanse unos a otros con caridad.

El que termina el servicio semanal, haga limpieza el sábado. Laven las toallas con las que los hermanos se secan las manos y los pies. Tanto el que sale como el que entra, laven los pies a todos. Devuelva al mayordomo los utensilios de su ministerio limpio y sano, y el mayordomo, a su vez, entréguelos al que entra, para saber lo que da y lo que recibe.

Los semaneros recibirán una hora antes de la comida, un

poco de vino y de pan sobre la porción que les corresponde, para que a la hora de la refección sirvan a sus hermanos sin murmuración y sin grave molestia, pero en las solemnidades esperen hasta después de la misa.

Al terminar los Laudes del domingo, los semaneros que entran y los que salen, se pondrán de rodillas en el oratorio a los pies de todos, pidiendo que oren por ellos. El que termina su semana, diga este verso: "Bendito seas, Señor Dios, porque me has ayudado y consolado" (cf. Dn 3,22; Sal 85,17). Dicho esto tres veces, el que sale recibirá la bendición. Luego seguirá el que entra diciendo: "Oh Dios, ven en mi ayuda, apresúrate, Señor, a socorrerme" (Sal 69,2). Todos repitan también esto tres veces, y luego de recibir la bendición, entre a servir.

36

LOS HERMANOS ENFERMOS

Ante todo y sobre todo se ha de atender a los hermanos enfermos, sirviéndolos como a Cristo en persona, pues Él mismo dijo: "Enfermo estuve y me visitaron" (Mt 25,36), y "Lo que hicieron a uno de estos pequeños, a mí me lo hicieron" (Mt 25,40). Pero consideren los mismos enfermos que a ellos se los sirve para honrar a Dios, y no molesten con sus pretensiones excesivas a sus hermanos que los sirven. Sin embargo, se los debe soportar pacientemente, porque tales enfermos hacen ganar una recompensa mayor. Por tanto el abad tenga sumo cuidado de que no padezcan ninguna negligencia.

Para los hermanos enfermos haya un local aparte atendido por un servidor temeroso de Dios, diligente y solícito. Ofrézcase a los enfermos, siempre que sea conveniente, el uso de baños; pero a los sanos, especialmente a los jóvenes, permítaselos más difícilmente. A los enfermos muy débiles les es permitido comer carne para reponerse, pero cuando mejoren, dejen de hacerlo, como se acostumbra.

Preocúpese mucho el abad de que los mayordomos y los servidores no descuiden a los enfermos, porque él es el responsable de toda falta cometida por los discípulos.

37
LOS ANCIANOS Y LOS NIÑOS

Aunque la misma naturaleza humana mueva a ser misericordioso con estas dos edades, o sea la de los ancianos y la de los niños, la autoridad de la Regla debe, sin embargo, mirar también por ellos. Téngase siempre presente su debilidad, y en modo alguno se aplique a ellos el rigor de la Regla en lo que a alimentos se refiere, sino que se les tendrá una amable consideración, y anticiparán las horas de comida regulares.

38
EL LECTOR DE LA SEMANA

En la mesa de los hermanos no debe faltar la lectura. Pero no debe leer allí el que de buenas a primeras toma el libro, sino que el lector de toda la semana ha de comenzar su oficio el domingo. Después de la misa y comunión, el que entra en función pida a todos que oren por él, para que Dios aparte de él el espíritu de vanidad. Y digan todos tres veces en el oratorio este verso que comenzará el lector: "Señor, ábreme los labios, y mi boca anunciará tus alabanzas" (Sal 50,17). Reciba luego la bendición y comience su oficio de lector.

Guárdese sumo silencio, de modo que no se oiga en la mesa ni el susurro ni la voz de nadie, sino sólo la del lector.

Sírvanse los hermanos unos a otros, de modo que los que comen y beben, tengan lo necesario y no les haga falta pedir nada; pero si necesitan algo, pídanlo llamando con un sonido más bien que con la voz. Y nadie se atreva allí a preguntar algo sobre la lectura o sobre cualquier otra cosa, para que no haya ocasión de hablar, a no ser que el superior quiera decir algo brevemente para edificación.

El hermano lector de la semana tomará un poco de vino con agua antes de comenzar a leer, a causa de la santa Comunión, y para que no le resulte penoso soportar el ayuno. Luego tomará su alimento con los semaneros de cocina y los servidores.

No lean ni canten todos los hermanos por orden, sino los que edifiquen a los oyentes.

39

LA MEDIDA DE LA COMIDA

Nos parece suficiente que en la comida diaria, ya se sirva ésta a la hora sexta o a la hora nona, se sirvan en todas las mesas dos platos cocidos a causa de las flaquezas de algunos, para que el que no pueda comer de uno, coma del otro. Sean, pues, suficientes dos platos cocidos para todos los hermanos, y si se pueden conseguir frutas o legumbres, añádase un tercero.

Baste una libra bien pesada de pan al día, ya sea que haya una sola comida, o bien almuerzo y cena. Si han de cenar, reserve el mayordomo una tercera parte de esa misma libra para darla en la cena.

Pero si el trabajo ha sido mayor del habitual, el abad tiene plena autoridad para agregar algo, si cree que conviene, evitando empero, ante todo, los excesos, para que nunca el monje sufra una indigestión, ya que nada es tan contrario a todo cristiano como la glotonería, como dice el Señor: "Miren que no se graven sus corazones con la voracidad" (Lc 21,34). A los niños de tierna edad no se les dé la misma cantidad que a los mayores, sino menos, guardando en todo la templanza.

Y todos absténganse absolutamente de comer carne de cuadrúpedos, excepto los enfermos muy débiles.

40

LA MEDIDA DE LA BEBIDA

"Cada cual ha recibido de Dios su propio don, uno de una manera, otro de otra" (1 Co 7,7), por eso establecemos con algún escrúpulo la medida del sustento de los demás. Teniendo, pues, en cuenta la flaqueza de los débiles, creemos que es suficiente para cada uno una hémina de vino al día. Pero aquellos a quienes Dios les da la virtud de abstenerse, sepan que han de tener un premio particular.

Juzgue el superior si la necesidad del lugar, el trabajo o el calor del verano exigen más, cuidando en todo caso de que no se llegue a la saciedad o a la embriaguez. Aunque leemos que el vino en modo alguno es propio de los monjes, como en nuestros tiempos no se los puede persuadir de ello, convengamos al menos en no beber hasta la saciedad sino moderadamente, porque "el vino hace apostatar hasta a los sabios" (Qo 19,2).

Pero donde las condiciones del lugar no permiten conseguir la cantidad que dijimos, sino mucho menos, o nada absolutamente, bendigan a Dios los que allí viven, y no murmuren. Ante todo les advertimos esto, que no murmuren.

41

A QUÉ HORAS SE DEBE COMER

Desde la santa Pascua hasta Pentecostés, coman los monjes a la hora sexta, y cenen al anochecer. Desde Pentecostés, durante el verano, si los monjes no trabajan en el campo o no les molesta un calor excesivo, ayunen los miércoles y viernes hasta nona, y los demás días coman a sexta. Pero si trabajan en el campo, o el calor del verano es excesivo, la comida manténgase a la hora sexta. Quede esto a juicio del abad. Éste debe temperar y disponer todo de modo que las almas se salven, y que los hermanos hagan lo que hacen sin justa murmuración.

Desde el catorce de septiembre hasta el principio de Cuaresma, coman siempre los hermanos a la hora nona.

En Cuaresma, hasta Pascua, coman a la hora de vísperas. Las mismas Vísperas celébrense de tal modo que los que comen, no necesiten luz de lámparas, sino que todo se concluya con la luz del día. Y siempre calcúlese también la hora de la cena o la de la única comida de tal modo que todo se haga con luz natural.

42
QUE NADIE HABLE DESPUÉS DE COMPLETAS

Los monjes deben esforzarse en guardar silencio en todo momento, pero sobre todo en las horas de la noche. Por eso, en todo tiempo, ya sea de ayuno o de refección, se procederá así:

Si se trata de tiempo en que no se ayuna, después de levantarse de la cena, siéntense todos juntos, y uno lea las "Colaciones" o las "Vidas de los Padres", o algo que edifique a los oyentes, pero no el Heptateuco o los Reyes, porque no les será útil a los espíritus débiles oír esta parte de la Escritura en aquella hora. Léase, sin embargo, en otras horas.

Si es día de ayuno, díganse Vísperas, y tras un corto intervalo acudan enseguida a la lectura de las "Colaciones", como dijimos. Lean cuatro o cinco páginas o lo que permita la hora, para que durante ese tiempo de lectura puedan reunirse todos, porque quizás alguno estuvo ocupado en cumplir algún encargo, y todos juntos recen Completas. Al salir de Completas, ninguno tiene ya permiso para decir nada a nadie. Si se encuentra a alguno que quebranta esta regla de silencio, sométaselo a un severo castigo, salvo si lo hace porque es necesario atender a los huéspedes, o si quizás el abad manda algo a alguien. Pero aun esto mismo hágase con suma gravedad y discretísima moderación.

43

LOS QUE LLEGAN TARDE A LA OBRA DE DIOS O A LA MESA

Cuando sea la hora del Oficio divino, ni bien oigan la señal, dejen todo lo que tengan entre manos y acudan con gran rapidez, pero con gravedad, para no provocar disipación. Nada, pues, se anteponga a la Obra de Dios.

Si alguno llega a las Vigilias después del Gloria del salmo 94 (que por esto queremos que se diga muy pausadamente y con lentitud), no ocupe su puesto en el coro, sino el último de todos o el lugar separado que el abad determine para tales negligentes, para que sea visto por él y por todos. Luego, al terminar la Obra de Dios, haga penitencia con pública satisfacción.

Juzgamos que éstos deben colocarse en el último lugar o aparte, para que, al ser vistos por todos, se corrijan al menos por su misma vergüenza. Pero si se quedan fuera del oratorio, habrá alguno quizás que se vuelva a acostar y a dormir, o bien se siente afuera y se entretenga charlando y dé ocasión al maligno. Que entren, pues, para que no lo pierdan todo y en adelante se enmienden.

En las Horas diurnas, quien no llega a la Obra de Dios hasta después del verso y del Gloria del primer salmo que se dice después del verso, quédese en el último lugar, según la disposición que arriba dijimos, y no se atreva a unirse al coro de los que salmodian, hasta terminar esta satisfacción, a no ser que el abad lo perdone y se lo permita; pero con tal que el culpable satisfaga por su falta.

Quien por su negligencia o culpa no llega a la mesa antes del verso, de modo que todos juntos digan el verso y oren y se sienten a la mesa a un tiempo, sea corregido por esto hasta dos veces. Si después no se enmienda, no se le permita participar de la mesa común, sino que, privado de la compañía de todos, coma solo, sin tomar su porción de vino, hasta que dé satisfacción y se enmiende. Reciba el mismo castigo el que no esté presente cuando se dice el verso después de la comida.

Nadie se atreva a tomar algo de comida o bebida ni antes ni después de la hora establecida. Pero si el superior le ofrece algo a alguien, y éste lo rehúsa, cuando lo desee, no reciba lo que antes rehusó, ni nada, absolutamente nada, antes de la enmienda correspondiente.

44
COMO HAN DE SATISFACER LOS EXCOMULGADOS

Cuando se termina en el oratorio la Obra de Dios, aquel que por culpas graves ha sido excomulgado del oratorio y de la mesa, se postrará junto a la puerta del oratorio sin decir nada, sino que solamente permanecerá rostro en tierra, echado a los pies de todos los que salen del oratorio. Y hará esto hasta que el abad juzgue que ha satisfecho.

Cuando el abad lo llame, arrójese a los pies del abad, y luego a los de todos, para que oren por él. Y entonces, si el abad se lo manda, sea admitido en el coro, en el puesto que el abad determine. Pero no se atreva a entonar salmos, ni a leer o recitar cosa alguna en el oratorio, si el abad no se lo manda de nuevo. En todas las Horas, al terminar la Obra de Dios, póstrese en tierra en el lugar en que está, y dé así satisfacción, hasta que el abad nuevamente le mande que ponga fin a esta satisfacción.

Pero los que por culpas leves son excomulgados sólo de la mesa, satisfagan en el oratorio hasta que disponga el abad. Háganlo hasta que éste los bendiga y les diga que es suficiente.

45
LOS QUE SE EQUIVOCAN EN EL ORATORIO

Si alguno se equivoca al recitar un salmo, un responsorio, una antífona o una lectura, y no se humilla allí mismo delante de todos dando satisfacción, sométaselo a un mayor castigo, por no haber querido corregir con la humildad la falta que cometió por negligencia. A los niños, empero, pégueseles por tales faltas.

46

LOS QUE FALTAN EN CUALESQUIERA OTRAS COSAS

Si alguno, mientras hace algún trabajo en la cocina, en la despensa, en un servicio, en la panadería, en la huerta o en otro oficio, o en cualquier otro lugar, falta en algo, rompe o pierde alguna cosa, o en cualquier lugar comete una falta, y no se presenta enseguida ante el abad y la comunidad para satisfacer y manifestar espontáneamente su falta, sino que ésta es conocida por conducto de otro, sométaselo a un castigo más riguroso.

Si se trata, en cambio, de un pecado oculto del alma, manifiéstelo solamente al abad o a ancianos espirituales que sepan curar sus propias heridas y las ajenas, sin descubrirlas ni publicarlas.

47
EL ANUNCIO DE LA HORA DE LA OBRA DE DIOS

El llamado a la Hora de la Obra de Dios, tanto de día como de noche, es competencia del abad. Este puede hacerlo por sí mismo, o puede encargar esta tarea a un hermano solícito, para que todo se haga a su debido tiempo.

Entonen por orden los salmos y antífonas, después del abad, aquellos que recibieron esta orden. Pero no se atreva a cantar o a leer sino aquel que pueda desempeñar este oficio con edificación de los oyentes. Y aquel a quien el abad se lo mande, hágalo con humildad, gravedad y temor.

48
EL TRABAJO MANUAL DE CADA DÍA

La ociosidad es enemiga del alma. Por eso los hermanos deben ocuparse en ciertos tiempos en el trabajo manual, y a ciertas horas en la lectura espritual. Creemos, por lo tanto, que ambas ocupaciones pueden ordenarse de la manera siguiente:

Desde Pascua hasta el catorce de septiembre, desde la mañana, al salir de Prima, hasta aproximadamente la hora cuarta, trabajen en lo que sea necesario. Desde la hora cuarta hasta aproximadamente la hora de sexta, dedíquense a la lectura. Después de Sexta, cuando se hayan levantado de la mesa, descansen en sus camas con sumo silencio, y si tal vez alguno quiera leer, lea para sí, de modo que no moleste a nadie. Nona dígase más temprano, mediada la octava hora, y luego vuelvan a trabajar en lo que haga falta hasta Vísperas.

Si las condiciones del lugar o la pobreza les obligan a recoger la cosecha por sí mismos, no se entristezcan, porque entonces son verdaderamente monjes si viven del trabajo de sus manos, como nuestros Padres y los Apóstoles. Sin embargo, dispóngase todo con mesura, por deferencia para con los débiles.

Desde el catorce de septiembre hasta el comienzo de Cuaresma, dedíquense a la lectura hasta el fin de la hora segunda. Tercia dígase a la hora segunda, y luego trabajen en lo que se les mande hasta nona. A la primera señal para la Hora de Nona, deje cada uno su trabajo, y estén listos para cuando toquen la segunda señal. Después de comer, ocúpense todos en la lectura o en los salmos.

En los días de Cuaresma, desde la mañana hasta el fin de la hora tercera, ocúpense en sus lecturas, y luego trabajen en lo que se les mande, hasta la hora décima.

En estos días de Cuaresma, reciban todos un libro de la biblioteca que deberán leer ordenada e íntegramente. Estos libros se han de distribuir al principio de Cuaresma.

Ante todo desígnense uno o dos ancianos, para que recorran el monasterio durante las horas en que los hermanos se dedican a la lectura. Vean si acaso no hay algún hermano perezoso que se entrega al ocio y a la charla, que no atiende a la lectura, y que no sólo no saca ningún provecho para sí, sino que aun distrae a los demás. Si se halla a alguien así, lo que ojalá no suceda, repréndaselo una y otra vez, y si no se enmienda, apliquesele el castigo de la Regla, de modo que los demás teman.

Y no se comunique un hermano con otro en las horas indebidas.

El domingo dedíquense también todos a la lectura, salvo los que están ocupados en los distintos oficios. A aquel que sea tan negligente o perezoso que no quiera o no pueda meditar o leer, encárguesele un trabajo, para que no esté ocioso.

A los hermanos enfermos o débiles encárgueseles un trabajo o una labor tal que, ni estén ociosos, ni se sientan agobiados por el peso del trabajo o se vean obligados a abandonarlo. El abad debe considerar la debilidad de éstos.

49

LA OBSERVANCIA DE LA CUARESMA

Aunque la vida del monje debería tener en todo tiempo una observancia cuaresmal, sin embargo, como son pocos los que tienen semejante fortaleza, los exhortamos a que en estos días de Cuaresma guarden su vida con suma pureza, y a que borren también en estos días santos todas las negligencias de otros tiempos. Lo cual haremos convenientemente, si nos apartamos de todo vicio y nos entregamos a la oración con lágrimas, a la lectura, a la compunción del corazón y a la abstinencia.

Por eso, añadamos en estos días algo a la tarea habitual de nuestro servicio, como oraciones particulares o abstinencia de comida y bebida, de modo que cada uno, con gozo del Espíritu Santo, ofrezca voluntariamente a Dios algo sobre la medida establecida, esto es, que prive a su cuerpo de algo de alimento, de bebida, de sueño, de conversación y de bromas, y espere la Pascua con la alegría del deseo espiritual.

Lo que cada uno ofrece propóngaselo a su abad, y hágalo con su oración y consentimiento, porque lo que se hace sin permiso del padre espiritual, hay que considerarlo más como presunción y vanagloria que como algo meritorio. Así, pues, todas las cosas hay que hacerlas con la aprobación del abad.

50

LOS HERMANOS QUE TRABAJAN LEJOS DEL ORATORIO O ESTÁN DE VIAJE

Los hermanos que trabajan muy lejos y no pueden acudir al oratorio a la hora debida, y el abad reconoce que es así, hagan la Obra de Dios allí mismo donde trabajan, doblando las rodillas con temor de Dios.

Del mismo modo, los que han salido de viaje, no dejen pasar las horas establecidas, sino récenlas por su cuenta como puedan, y no descuiden pagar la prestación de su servicio.

51
LOS HERMANOS QUE NO VIAJAN MUY LEJOS

El hermano que es enviado a alguna diligencia, y espera volver al monasterio el mismo día, no se atreva a comer fuera, aun cuando se lo rueguen con insistencia, a no ser que su abad se lo hubiera mandado. Si obra de otro modo, sea excomulgado.

52
EL ORATORIO DEL MONASTERIO

Sea el oratorio lo que dice su nombre, y no se lo use para otra cosa, ni se guarde nada allí. Cuando terminen la Obra de Dios, salgan todos en perfecto silencio, guardando reverencia a Dios, de modo que si quizás un hermano quiere orar privadamente, no se lo impida la importunidad de otro.

Y si alguno, en otra ocasión, quiere orar por su cuenta con más recogimiento, que entre sencillamente y ore, pero no en alta voz, sino con lágrimas y con el corazón atento. Por lo tanto, al que no ora así, no se le permita quedarse en el oratorio al concluir la Obra de Dios, no sea que, como se dijo, moleste a otro.

53
LA RECEPCIÓN DE LOS HUÉSPEDES

Recíbanse a todos los huéspedes que llegan como a Cristo, pues Él mismo ha de decir: "Huésped fui y me recibieron" (Mt 25,35). A todos dése el honor que corresponde, pero sobre todo a los hermanos en la fe y a los peregrinos.

Cuando se anuncie un huésped, el superior o los hermanos salgan a su encuentro con la más solícita caridad. Oren primero juntos y dense luego la paz. No den este beso de paz antes de la oración, sino después de ella, a causa de las ilusiones diabólicas.

Muestren la mayor humildad al saludar a todos los huéspedes que llegan o se van, inclinando la cabeza o postrando todo el cuerpo en tierra, adorando en ellos a Cristo, que es a quien se recibe.

Lleven a orar a los huéspedes que reciben, y luego el superior, o quien éste mandare, siéntese con ellos. Léanle al huésped la Ley divina para que se edifique, y trátenlo luego con toda cortesía.

En atención al huésped, el superior no ayunará (a no ser que sea un día de ayuno importante que no pueda quebrantarse), pero los hermanos continúen ayunando como de costumbre. El abad vierta el agua para lavar las manos de los huéspedes, y tanto el abad como toda la comunidad laven los pies a los huéspedes. Después de lavarlos, digan este verso: "Hemos recibido, Señor, tu misericordia en medio de tu templo" (Sal 47,10).

Al recibir a pobres y peregrinos se tendrá el máximo de cuidado y solicitud, porque en ellos se recibe especialmente a Cristo, pues cuando se recibe a ricos, el mismo temor que inspiran, induce a respetarlos.

Debe haber una cocina aparte para el abad y los huéspedes, para que éstos, que nunca faltan en el monasterio, no incomoden a los hermanos, si llegan a horas imprevistas.

Dos hermanos que cumplan bien su oficio, encárguense de esta cocina durante un año. Si es necesario, se les proporcionará ayudantes para que sirvan sin murmuración; por el contrario, cuando estén menos ocupados, vayan a trabajar a donde se los mande. Y no sólo con éstos, sino con todos los que trabajan en oficios del monasterio, téngase esta consideración de concederles ayuda cuando lo necesiten, pero luego, cuando estén desocupados, obedezcan lo que les manden.

Un hermano, cuya alma esté poseída del temor de Dios, se encargará de la hospedería, en la cual habrá un número suficiente de camas preparadas. Y la casa de Dios sea sabiamente administrada por varones sabios.

No trate con los huéspedes ni converse con ellos quien no estuviere encargado de hacerlo. Pero si alguno los encuentra o los ve, salúdelos humildemente, como dijimos, pida la bendición y pase de largo, diciendo que no le es lícito hablar con un huésped.

54
SI EL MONJE DEBE RECIBIR CARTAS U OTRAS COSAS

En modo alguno le es lícito al monje recibir cartas, o cualquier pequeño regalo de sus padres, de otra persona o de otros monjes, ni tampoco darlos a ellos, sin la autorización del abad.

Aunque fueran sus padres los que le envían algo, no se atreva a aceptarlo sin antes haber informado al abad. Y si éste manda recibirlo, queda en la potestad del mismo abad el disponer a quién se lo ha de dar. Y no se ponga triste el hermano a quien se lo enviaron, no sea que dé ocasión al diablo. Al que se atreva a obrar de otro modo, sométaselo a la disciplina regular.

55
EL VESTIDO Y CALZADO DE LOS MONJES

Dése a los hermanos la ropa que necesiten según el tipo de las regiones en que viven o el clima de ellas, pues en las regiones frías se necesita más, y en las cálidas menos. Esta apreciación le corresponde al abad.

Por nuestra parte, sin embargo, creemos que en lugares templados a cada monje le basta tener cogulla y túnica (la cogulla velluda en invierno, y ligera y usada en verano), un escapulario para el trabajo, y medias y zapatos para los pies. No se quejen los monjes del color o de la tosquedad de estas prendas, sino acéptenlas tales cuales se puedan conseguir en la provincia donde vivan, o que puedan comprarse más baratas. Preocúpese el abad de la medida de estos mismos vestidos, para que no les queden cortos a los que los usan, sino a su medida.

Cuando reciban vestidos nuevos, devuelvan siempre al mismo tiempo los viejos, que han de guardarse en la ropería para los pobres. Pues al monje le bastan dos túnicas y dos cogullas, para poder cambiarse de noche y para lavarlas; tener más que esto es superfluo y debe suprimirse. Devuelvan también las medias y todo lo viejo, cuando reciban lo nuevo.

Los que salen de viaje, reciban ropa interior de la ropería, y al volver devuélvanla lavada. Haya también cogullas y túnicas un poco mejores que las de diario; recíbanlas de la ropería los que salen de viaje, y devuélvanlas al regresar.

Como ropa de cama es suficiente una estera, una manta, un cobertor y una almohada. El abad ha de revisar frecuentemente las camas, para evitar que se guarde allí algo en propiedad. Y si se descubre que alguien tiene alguna cosa que el abad no le haya concedido, sométaselo a gravísimo castigo.

Para cortar de raíz este vicio de la propiedad, provea el abad todas las cosas que son necesarias, esto es: cogulla, túnica, medias, zapatos, cinturón, cuchillo, pluma, aguja, pañuelo y tablillas para escribir, para eliminar así todo pretexto de necesidad.

Sin embargo, tenga siempre presente el abad aquella sentencia de los Hechos de los Apóstoles: "Se daba a cada uno lo que necesitaba" (Hch 4,35). Así, pues, atienda el abad a las flaquezas de los necesitados y no a la mala voluntad de los envidiosos. Y en todas sus decisiones piense en la retribución de Dios.

56

LA MESA DEL ABAD

Reciba siempre el abad en su mesa a huéspedes y peregrinos. Cuando los huéspedes sean pocos, puede llamar a los hermanos que él quiera; pero procure dejar uno o dos ancianos con los hermanos, para que mantengan la disciplina.

57
LOS ARTESANOS DEL MONASTERIO

Los artesanos que pueda haber en el monasterio, ejerzan con humildad sus artes, si el abad se lo permite. Pero si alguno de ellos se engríe por el conocimiento de su oficio, porque le parece que hace algo por el monasterio, sea removido de su oficio, y no vuelva a ejercerlo, a no ser que se humille, y el abad lo autorice de nuevo.

Si hay que vender algo de lo que hacen los artesanos, los encargados de hacerlo no se atrevan a cometer fraude alguno. Acuérdense de Ananías y Safira, no sea que la muerte que ellos padecieron en el cuerpo, la padezcan en el alma éstos, y todos los que cometieren algún fraude con los bienes del monasterio.

En los mismos precios no se insinúe el mal de la avaricia. Véndase más bien, siempre algo más barato de lo que pueden hacerlo los seglares, "para que en todo sea Dios glorificado" (1 P 4,11).

58

EL MODO DE RECIBIR A LOS HERMANOS

No se reciba fácilmente al que recién llega para ingresar a la vida monástica, sino que, como dice el Apóstol, "prueben los espíritus para ver si son de Dios" (1 Jn 4,1).

Por lo tanto, si el que viene persevera llamando, y parece soportar con paciencia, durante cuatro o cinco días, las injurias que se le hacen y la dilación de su ingreso, y persiste en su petición, permítasele entrar, y esté en la hospedería unos pocos días. Después de esto, viva en la residencia de los novicios, donde éstos meditan, comen y duermen. Asígneseles a éstos un anciano que sea apto para ganar almas, para que vele sobre ellos con todo cuidado.

Debe estar atento para ver si el novicio busca verdaderamente a Dios, si es pronto para la Obra de Dios, para la obediencia y las humillaciones. Prevénganlo de todas las cosas duras y ásperas por las cuales se va a Dios.

Si promete perseverar en la estabilidad, al cabo de dos meses léasele por orden esta Regla, y dígasele: He aquí la ley bajo la cual quieres militar. Si puedes observarla, entra; pero si no puedes, vete libremente.

Si todavía se mantiene firme, lléveselo a la sobredicha residencia de los novicios, y pruébeselo de nuevo en toda paciencia. Al cabo de seis meses, léasele la Regla para que sepa a qué entra. Y si sigue firme, después de cuatro meses reléasele de nuevo la misma Regla.

Y si después de haberlo deliberado consigo, promete guardar todos sus puntos, y cumplir cuanto se le mande, sea recibido en la comunidad, sabiendo que, según lo establecido por la ley de la Regla, desde aquel día no le será lícito irse del monasterio, ni sacudir el cuello del yugo de la Regla, que después de tan morosa deliberación pudo rehusar o aceptar.

El que va a ser recibido, prometa en el oratorio, en presencia de todos, su estabilidad, vida monástica y obediencia, delante de Dios y de sus santos, para que sepa que si alguna vez obra de otro modo, va a ser condenado por Aquel de quien se burla.

De esta promesa suya hará una petición a nombre de los santos cuyas reliquias están allí, y del abad presente. Escriba esta petición con su mano, pero si no sabe hacerlo, escríbala otro a ruego suyo, y el novicio trace en ella una señal y deposítela sobre el altar con sus propias manos. Una vez que la haya depositado, empiece enseguida el mismo novicio este verso: "Recíbeme, Señor, según tu palabra, y viviré; y no me confundas en mi esperanza" (Sal 118,116). Toda la comunidad responda tres veces a este verso, agregando "Gloria al Padre".

Entonces el hermano novicio se postrará a los pies de cada uno para que oren por él, y desde aquel día sea considerado como uno de la comunidad.

Si tiene bienes, distribúyalos antes a los pobres, o bien

cédalos al monasterio por una donación solemne. Y no guarde nada de todos esos bienes para sí, ya que sabe que desde aquel día no ha de tener dominio ni siquiera sobre su propio cuerpo.

Después, en el oratorio, sáquenle las ropas suyas que tiene puestas, y vístanlo con las del monasterio. La ropa que le sacaron, guárdese en la ropería, donde se debe conservar, pues si alguna vez, aceptando la sugerencia del diablo, se va del monasterio, lo que Dios no permita, sea entonces despojado de la ropa del monasterio y despídaselo.

Pero aquella petición suya que el abad tomó de sobre el altar, no se le devuelva, sino guárdese en el monasterio.

59
LOS HIJOS DE NOBLES O DE POBRES QUE SON OFRECIDOS

Si quizás algún noble ofrece su hijo a Dios en el monasterio, y el niño es de poca edad, hagan los padres la petición que arriba dijimos, y ofrézcanlo junto con la oblación, envolviendo la misma petición y la mano del niño con el mantel del altar.

En cuanto a sus bienes, prometan bajo juramento en la mencionada petición que nunca le han de dar cosa alguna, ni le han de procurar ocasión de poseer, ni por sí mismos, ni por tercera persona, ni de cualquier otro modo. Pero si no quieren hacer esto, y quieren dar una limosna al monasterio en agradecimiento, hagan donación de las cosas que quieren dar al monasterio, y si quieren, resérvense el usufructo.

Ciérrense así todos los caminos, de modo que el niño no abrigue ninguna esperanza que lo ilusione y lo pueda hacer perecer, lo que Dios no permita, como lo hemos aprendido por experiencia.

Lo mismo harán los más pobres. Pero los que no tienen absolutamente nada, hagan sencillamente la petición y ofrezcan a su hijo delante de testigos, junto con la oblación.

60

LOS SACERDOTES QUE QUIEREN VIVIR EN EL MONASTERIO

Si algún sacerdote pide ser admitido en el monasterio, no se lo acepte demasiado pronto. Pero si insiste firmemente en este pedido, sepa que tendrá que observar toda la disciplina de esta Regla, y que no se le mitigará nada, para que se cumpla lo que está escrito: "Amigo, ¿a qué has venido?" (Mt 26,50).

Permítasele, sin embargo, colocarse después del abad, y si éste se lo concede, puede bendecir y celebrar la Misa. En caso contrario, de ningún modo se atreva a hacerlo, sabiendo que está sometido a la disciplina regular; antes bien, dé a todos ejemplos de humildad.

Si se trata de ocupar un cargo en el monasterio, o de cualquier otra cosa, ocupe el lugar que le corresponde por su entrada al monasterio, y no el que se le concedió en atención al sacerdocio.

Si algún clérigo, animado del mismo deseo, quiere incorporarse al monasterio, colóqueselo en un lugar intermedio, con tal que prometa también observar la Regla y la propia estabilidad.

61
COMO HAN DE SER RECIBIDOS LOS MONJES PEREGRINOS

Si un monje peregrino, venido de provincias lejanas, quiere habitar en el monasterio como huésped, y acepta con gusto el modo de vida que halla en el lugar, y no perturba al monasterio con sus exigencias, sino que sencillamente se contenta con lo que encuentra, recíbaselo todo el tiempo que quiera. Y si razonablemente, con humildad y caridad critica o advierte algo, considérelo prudentemente el abad, no sea que el Señor lo haya enviado precisamente para eso.

Si luego quiere fijar su estabilidad, no se opongan a tal deseo, sobre todo porque durante su estadía como huésped pudo conocerse su vida.

Pero si durante este tiempo de hospedaje, se descubre que es exigente y vicioso, no sólo no se le debe incorporar al monasterio, sino que hay que decirle cortésmente que se vaya, no sea que su mezquindad contagie a otros.

Pero si no fuere tal que merezca ser despedido, no sólo se lo ha de recibir como miembro de la comunidad, si él lo pide, sino aun persuádanlo que se quede, para que con su ejemplo instruya a los demás, puesto que en todo lugar se sirve al único Señor y se milita bajo el mismo Rey.

Si el abad viere que lo merece, podrá también colocarlo en un puesto algo más elevado. Y no sólo a un monje, sino también a los sacerdotes y clérigos que antes mencionamos, puede el abad colocarlos en un sitio superior al de su entrada, si ve que su vida lo merece.

Pero tenga cuidado el abad de no recibir nunca para quedarse, a un monje de otro monasterio conocido, sin el consentimiento de su abad o cartas de recomendación, porque escrito está: "No hagas a otro lo que no quieres que hagan contigo."

62

LOS SACERDOTES DEL MONASTERIO

Si el abad quiere que le ordenen un presbítero o diácono, elija de entre los suyos uno que sea digno de ejercer el sacerdocio.

El ordenado, empero, guárdese de la altivez y de la soberbia, y no presuma hacer nada que no le haya mandado el abad, sabiendo que debe someterse mucho más a la disciplina regular. No olvide, con ocasión del sacerdocio, la obediencia a la Regla, antes bien, progrese más y más en el Señor.

Guarde siempre el lugar que le corresponde por su ingreso al monasterio, salvo en el ministerio del altar, o también, si el voto de la comunidad y la voluntad del abad lo hubieren querido promover por el mérito de su vida. Pero sepa que debe observar la regla establecida para los decanos y prepósitos.

Si se atreve a obrar de otro modo, júzgueselo no como a sacerdote sino como a rebelde. Y si amonestado muchas veces no se corrige, tómese por testigo al mismo obispo. Pero si ni así se enmienda, y las culpas son evidentes, sea expulsado del monasterio, siempre que su contumacia sea tal que no quiera someterse y obedecer a la Regla.

63

EL ORDEN DE LA COMUNIDAD

Guarde cada uno su puesto en el monasterio según su antigüedad en la vida monástica, o de acuerdo al mérito de su vida, o según lo disponga el abad. Éste no debe perturbar la grey que le ha sido confiada, disponiendo algo injustamente, como si tuviera un poder arbitrario, sino que debe pensar siempre que ha de rendir cuenta a Dios de todos sus juicios y acciones.

Por lo tanto, mantengan el orden que él haya dispuesto, o el que tengan los mismos hermanos, para acercarse a la paz y a la comunión, para entonar salmos, y para colocarse en el coro.

En ningún lugar, absolutamente, sea la edad la que determine el orden o dé preeminencia, porque Samuel y Daniel siendo niños, juzgaron a los ancianos. Así, excepto los que, como dijimos, el abad haya promovido por motivos superiores, o degradado por alguna causa, todos los demás guarden el orden de su ingreso a la vida monástica. Por ejemplo, el que llegó al monasterio a la segunda hora del día, sepa que es menor que el que llegó a la primera, cualquiera sea su edad o dignidad. Pero con los niños, mantengan todos la disciplina en todas las cosas.

Los jóvenes honren a sus mayores, y los mayores amen a los más jóvenes. Al dirigirse a alguien, nadie llame a otro por su solo nombre, sino que los mayores digan "hermanos" a los más jóvenes, y los jóvenes díganles "nonos" a sus mayores, que es expresión que denota reverencia paternal.

Al abad, puesto que se considera que hace las veces de Cristo, llámeselo "señor" y "abad", no para que se engría, sino por el honor y el amor de Cristo. Por eso piense en esto, y muéstrese digno de tal honor.

Dondequiera que se encuentren los hermanos, el menor pida la bendición al mayor. Al pasar un mayor, levántese el más joven y cédale el asiento, sin atreverse a sentarse junto a él, si su anciano no se lo manda, cumpliendo así lo que está escrito: "Adelántense para honrarse unos a otros" (Rm 12,10).

Los niños y los adolescentes guarden sus puestos ordenadamente en el oratorio y en la mesa. Fuera de allí y dondequiera que sea, estén sujetos a vigilancia y a disciplina, hasta que lleguen a la edad de la reflexión.

64

LA ORDENACIÓN DEL ABAD

Cuando hay que ordenar un abad, téngase siempre como norma que se ha de establecer a aquel a quien toda la comunidad, guiada por el temor de Dios, esté de acuerdo en elegir, o al que elija sólo una parte de la comunidad, aunque pequeña, pero con más sano criterio.

El que ha de ser ordenado, debe ser elegido por el mérito de su vida y la doctrina de su sabiduría, aun cuando fuera el último de la comunidad.

Pero si toda la comunidad, lo que Dios no permita, elige de común acuerdo a uno que sea tolerante con sus vicios, y estos vicios de algún modo llegan al conocimiento del obispo a cuya diócesis pertenece el lugar en cuestión, o son conocidos por los abades o cristianos vecinos, impidan éstos la conspiración de los malos, y establezcan en la casa de Dios un administrador digno, sabiendo que han de ser bien recompensados, si obran con rectitud y por celo de Dios, y que, contrariamente, pecan si no lo hacen.

El que ha sido ordenado abad, considere siempre la carga que tomó sobre sí, y a quién ha de rendir cuenta de su administración. Y sepa que debe más servir que mandar.

Debe ser docto en la ley divina, para que sepa y tenga de dónde sacar cosas nuevas y viejas; sea casto, sobrio, misericordioso, y siempre prefiera la misericordia a la justicia, para que él alcance lo mismo. Odie los vicios, pero ame a los hermanos. Aun al corregir, obre con prudencia y no se exceda, no sea que por raspar demasiado la herrumbre se quiebre el recipiente; tenga siempre presente su debilidad, y recuerde que no hay que quebrar la caña hendida (cf. Mt 12,20). No decimos con esto que deje crecer los vicios, sino que debe cortarlos con prudencia y caridad, según vea que conviene a cada uno, como ya dijimos. Y trate de ser más amado que temido.

No sea turbulento ni ansioso, no sea exagerado ni obstinado, no sea celoso ni demasiado suspicaz, porque nunca tendrá descanso. Sea próvido y considerado en todas sus disposiciones, y ya se trate de cosas de Dios o de cosas del siglo, discierna y modere el trabajo que encomienda, recordando la discreción del santo Jacob que decía: "Si fatigo mis rebaños haciéndolos andar demasiado, morirán todos en un día" (Gn 33,13). Tomando, pues, este y otros testimonios de discreción, que es madre de virtudes, modere todo de modo que los fuertes deseen más y los débiles no rehúyan.

Sobre todo, guarde íntegramente la presente Regla, para que, habiendo administrado bien, oiga del Señor lo que oyó aquel siervo bueno que distribuyó a su tiempo el trigo entre sus consiervos: "En verdad les digo" - dice - "que lo establecerá sobre todos sus bienes" (Mt 24,47).

65
EL PRIOR DEL MONASTERIO

Sucede a menudo que con ocasión de la ordenación del prior, se originan graves escándalos en los monasterios. En efecto, algunos, hinchados por el maligno espíritu de soberbia, se imaginan que son segundos abades, y atribuyéndose un poder absoluto, fomentan escándalos y causan disensiones en las comunidades. Esto sucede sobre todo en aquellos lugares, donde el mismo obispo o los mismos abades que ordenaron al abad, instituyen también al prior. Se advierte fácilmente cuán absurdo sea este modo de obrar, pues ya desde el comienzo le da pretexto para que se engría, sugiriéndole el pensamiento de que está exento de la jurisdicción del abad: "porque tú también has sido ordenado por los mismos que ordenaron al abad."

De aquí nacen envidias, riñas, detracciones, rivalidades, disensiones y desórdenes. Mientras el abad y el prior tengan contrarios pareceres, necesariamente han de peligrar sus propias almas, y sus subordinados, adulando cada uno a su propia parte, van a la perdición. La responsabilidad del mal que se sigue de este peligro, pesa sobre aquellos que fueron autores de este desorden.

Por lo tanto, para que se guarde la paz y la caridad, hemos visto que conviene confiar al juicio del abad la organización del monasterio.

Si es posible, provéase a todas las necesidades del monasterio, como antes establecimos, por medio de decanos, según disponga el abad, de modo que siendo muchos los encargados, no se ensoberbezca uno solo. Pero si el lugar lo requiere, o la comunidad lo pide razonablemente y con humildad, y el abad lo juzga conveniente, designe él mismo su prior, eligiéndolo con el consejo de hermanos temerosos de Dios.

Este prior cumpla con reverencia lo que le mande su abad, sin hacer nada contra la voluntad o disposición del abad, porque cuanto más elevado está sobre los demás, tanto más solícitamente debe observar los preceptos de la Regla.

Si se ve que este prior es vicioso, o que se ensoberbece engañado por su encumbramiento, o se comprueba que desprecia la santa Regla, amonéstesele verbalmente hasta cuatro veces, pero si no se enmienda, aplíquesele el correctivo de la disciplina regular. Y si ni así se corrige, depóngaselo del cargo de prior, y póngase en su lugar otro que sea digno. Y si después de esto, no vive en la comunidad quieto y obediente, expúlsenlo también del monasterio.

Pero piense el abad que ha de dar cuenta a Dios de todas sus decisiones, no sea que alguna llama de envidia o de celos abrase su alma.

66
LOS PORTEROS DEL MONASTERIO

A la puerta del monasterio póngase a un anciano discreto, que sepa recibir recados y transmitirlos, y cuya madurez no le permita estar ocioso.

Este portero debe tener su celda junto a la puerta, para que los que lleguen encuentren siempre presente quién les responda. En cuanto alguien golpee o llame un pobre, responda enseguida "Deo gratias" o "Benedic", y con toda la mansedumbre que inspira el temor de Dios, conteste prontamente con fervor de caridad.

Si este portero necesita un ayudante, désele un hermano más joven.

Si es posible, debe construirse el monasterio de modo que tenga todo lo necesario, esto es, agua, molino, huerta, y que las diversas artes se ejerzan dentro del monasterio, para que los monjes no tengan necesidad de andar fuera, porque esto no conviene en modo alguno a sus almas.

Queremos que esta Regla se lea muchas veces en comunidad, para que ninguno de los hermanos alegue ignorancia.

67

LOS HERMANOS QUE SALEN DE VIAJE

Los hermanos que van a salir de viaje, encomiéndense a la oración de todos los hermanos y del abad. Y en la última oración de la Obra de Dios, hágase siempre conmemoración de todos los ausentes.

Los que vuelven de un viaje, el mismo día que vuelvan, al terminar la Obra de Dios, a todas las Horas canónicas, póstrense en el suelo del oratorio y pidan a todos su oración, para reparar las faltas que tal vez cometieron en el camino, viendo u oyendo algo malo, o teniendo conversaciones ociosas.

Nadie se atreva a contar a otro lo que pueda haber visto u oído fuera del monasterio, porque es muy perjudicial. Y si alguien se atreve, quede sometido a la disciplina regular.

Tómese la misma medida con aquel que se atreva a salir fuera de la clausura del monasterio e ir a cualquier parte, o hacer algo, por pequeño que sea, sin permiso del abad.

68

SI A UN HERMANO LE MANDAN COSAS IMPOSIBLES

Si sucede que a un hermano se le mandan cosas difíciles o imposibles, reciba éste el precepto del que manda con toda mansedumbre y obediencia. Pero si ve que el peso de la carga excede absolutamente la medida de sus fuerzas, exponga a su superior las causas de su imposibilidad con paciencia y oportunamente, y no con soberbia, resistencia o contradicción. Pero si después de esta sugerencia, el superior mantiene su decisión, sepa el más joven que así conviene, y confiando por la caridad en el auxilio de Dios, obedezca.

69
QUE NADIE SE ATREVA A DEFENDER A OTRO EN EL MONASTERIO

Hay que cuidar que, en ninguna ocasión, un monje se atreva a defender a otro o como a protegerlo, aunque los una algún parentesco de consanguinidad. De ningún modo se atrevan los monjes a hacer semejante cosa, porque de ahí puede surgir una gravísima ocasión de escándalos. Si alguno falta en esto, sea castigado severamente.

70

QUE NADIE SE ATREVA A GOLPEAR A OTRO ARBITRARIAMENTE

En el monasterio debe evitarse toda ocasión de presunción. Por eso establecemos que a nadie le sea permitido excomulgar o golpear a alguno de sus hermanos, si el abad no lo ha autorizado. "Los transgresores sean corregidos públicamente para que teman los demás" (1 Tm 5,20).

Procuren todos mantener una diligente disciplina entre los niños hasta la edad de quince años, pero con mesura y discreción.

El que se atreva a actuar contra uno de más edad, sin autorización del abad, o se enardece sin discreción contra los mismos niños, sométaselo a la disciplina regular, porque escrito está: "No hagas a otro lo que no quieres que hagan contigo" (cf. Mt 7,12).

71
QUE SE OBEDEZCAN UNOS A OTROS

El bien de la obediencia debe ser practicado por todos, no sólo respecto del abad, sino que los hermanos también deben obedecerse unos a otros, sabiendo que por este camino de la obediencia irán a Dios.

Den prioridad a lo que mande el abad o las autoridades instituidas por él, a lo que no permitimos que se antepongan órdenes privadas, pero en todo lo demás, los más jóvenes obedezcan a los mayores con toda caridad y solicitud. Y si se halla algún rebelde, sea corregido.

Si algún hermano es corregido en algo por su abad o por algún superior, aunque fuere por un motivo mínimo, o nota que el ánimo de alguno de ellos está un tanto irritado o resentido contra él, al punto y sin demora arrójese a sus pies y permanezca postrado en tierra dando satisfacción, hasta que aquella inquietud se sosiegue con la bendición. Pero si alguno menosprecia hacerlo, sométaselo a pena corporal, y si fuere contumaz, expúlsenlo del monasterio.

72
EL BUEN CELO QUE HAN DE TENER LOS MONJES

Así como hay un mal celo de amargura que separa de Dios y lleva al infierno, hay también un celo bueno que separa de los vicios y conduce a Dios y a la vida eterna. Practiquen, pues, los monjes este celo con la más ardiente caridad, esto es, "adelántense para honrarse unos a otros" (Rm 12,10); tolérense con suma paciencia sus debilidades, tanto corporales como morales; obedézcanse unos a otros a porfía; nadie busque lo que le parece útil para sí, sino más bien para otro; practiquen la caridad fraterna castamente; teman a Dios con amor; amen a su abad con una caridad sincera y humilde; y nada absolutamente antepongan a Cristo, el cual nos lleve a todos juntamente a la vida eterna.

73
EN ESTA REGLA NO ESTÁ CONTENIDA TODA LA PRÁCTICA DE LA JUSTICIA

Hemos escrito esta Regla para que, observándola en los monasterios, manifestemos tener alguna honestidad de costumbres, o un principio de vida monástica. Pero para el que corre hacia la perfección de la vida monástica, están las enseñanzas de los santos Padres, cuya observancia lleva al hombre a la cumbre de la perfección. Porque ¿qué página o qué sentencia de autoridad divina del Antiguo o del Nuevo Testamento, no es rectísima norma de vida humana? O ¿qué libro de los santos Padres católicos no nos apremia a que, por un camino recto, alcancemos a nuestro Creador? Y también las Colaciones de los Padres, las Instituciones y sus Vidas, como también la Regla de nuestro Padre san Basilio, ¿qué otra cosa son sino instrumento de virtudes para monjes de vida santa y obedientes? Pero para nosotros, perezosos, licenciosos y negligentes, son motivo de vergüenza y confusión.

Quienquiera, pues, que te apresuras hacia la patria celestial, practica, con la ayuda de Cristo, esta mínima Regla de iniciación que hemos delineado, y entonces, por fin, llegarás, con la protección de Dios, a las cumbres de doctrina y virtudes que arriba dijimos. Amén.

Copyright © 2020 by FV Éditions
Cover picture : *Saint Benoît de Nursie* by Alessandro Turchi.
Ebook ISBN : 979-10-299-0907-8
Paperback ISBN : 979-10-299-0908-5
Hardcover ISBN : 979-10-299-0909-2
All rights reserved.

Also Available

LAS MORADAS

www.ingramcontent.com/pod-product-compliance
Lightning Source LLC
LaVergne TN
LVHW092052060526
838201LV00047B/1353